はじめての 帯リメイク

1本の帯で洋服からバッグまで

松下純子
Wrap Around R.

PHP

もくじ

Lesson 1
いちばんやさしい羽織もの　　　－袋帯・丸帯・名古屋帯－

A　　B

A　　B

ベスト

ジャケット

A

B

衿つきベスト

衿つきジャケット

Lesson 2
いちばんやさしいパンツ & スカート　　　－袋帯・名古屋帯・へこ帯－

帯パンツ

へこ帯ワイドパンツ

スカート

ロングスカート

フリルスカート

Lesson 3
いちばんやさしいブラウス＆ワンピース　　－へこ帯－

へこ帯ブラウス
写真 P.14　作り方 P.52

へこ帯ワンピース
写真 P.15　作り方 P.52

**へこ帯しぼり
ワンピース**
写真 P.16　作り方 P.58

**へこ帯しぼり
チュニック**
写真 P.17　作り方 P.59

Lesson 4
帯リメイク小物アイデア　　－袋帯・名古屋帯・へこ帯－

帯トート たてなが
写真 P.18　作り方 P.69

帯トート よこなが
写真 P.18　作り方 P.69

帯ポーチ たてなが
写真 P.19　作り方 P.72

帯ポーチ よこなが
写真 P.19　作り方 P.72

帯かごバッグ
写真 P.20　作り方 P.74

帯かご
写真 P.20　作り方 P.75

へこ帯エコバッグ 大
写真 P.21　作り方 P.76

へこ帯エコバッグ 小
写真 P.21　作り方 P.76

A　　　　B

へこ帯ポシェット
写真 P.21　作り方 P.78

Lesson 1　いちばんやさしい羽織もの
－袋帯・丸帯・名古屋帯－

厚手でしっかりとした袋帯や名古屋帯のリメイクは、羽織ものがおすすめです。
華やかな刺繍やカジュアルな柄など、お気に入りの帯でおしゃれな装いに。

ベスト A

作り方 P.31

更紗文様がオリエンタルな雰
囲気を醸し出すシンプルな V
ネックのベストは、袖ぐりの
ゴムギャザーや胸もとの3つ
ボタンがアクセントに。使用
した帯は表地と裏地が全通柄
の名古屋帯。

ベスト B
作り方 P.31

表地と裏地がチェックの全通^{ぜんつう}柄の名古屋帯を、Aと同じデザインで仕立てたベスト。重ね着しやすいVネックや片側のポケットでカジュアル感アップ。紬^{つむぎ}で織った帯地はオールシーズン楽しめます。

ジャケット A

作り方 P.30

「ベスト（P.4）」に袖をつけ、ショート丈にアレンジしたジャケット。
豪華な全通柄の名古屋帯は、金襴（きんらん）の派手さをおさえるために、後ろ
身頃と袖下に裏地の無地を使用し、上品さをキープ。

ジャケット B

作り方 P.30

お太鼓柄の名古屋帯（裏地なし）を、A と同じデザインでリメイクしたジャケット。前身頃にお太鼓、袖口に胴の柄を左右にバランスよく配置。胸もとの大きなボタンもポイントです。

衿つきベスト

作り方 P.39

絹糸をチェック柄に織った丸帯の愛嬌たっぷ
りなベスト。まっすぐ縫いでかんたんに作れる
衿と、肩のタックで、丸みのあるシルエットに
なります。フロントのリボンで遊び心もプラス。

衿つきジャケット A

作り方 P.38

「衿つきベスト（P.8）」に袖をつけて、ショート丈のジャケットにアレンジ。絹糸の光沢が美しい袋帯で、清楚な装いに。後ろ身頃に裏地、片側の袖後ろには、六通柄（ろくつう）の無地の部分を使用。

衿つきジャケット B

作り方 P.38

Aと同じデザインのジャケットでも、幾何学模様がユニークな全通柄（ぜんつう）の袋帯で仕立てると、カジュアルな雰囲気に変わります。普段着にも、お出かけ着にも、さまざまなシーンで活躍しそう。

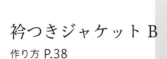

Lesson 2   いちばんやさしいパンツ & スカート
－袋帯・名古屋帯・へこ帯－

格式や遊び心を表現し、着物姿の印象を決める帯をパンツやスカートにリメイク。
帯地のボトムは洋服に合わせやすく、センスアップを叶えてくれます。

帯パンツ
作り方 P.65

黒地に銀の糸で刺繍をほどこ
したお太鼓柄の名古屋帯をパン
ツにリメイク。ショート丈で
も大人っぽい雰囲気がお気に
入り。お太鼓の部分はパンツ
に、胴部分でおそろいのポーチ
（P.19）が完成。

へこ帯ワイドパンツ

作り方 P.64

中幅・男性用のへこ帯で仕立てた、ふんわりシルエットのワイドパンツ。やわらかな帯地ではき心地も抜群です。帯の端のしぼり部分を活用して、可愛らしいポシェット（P.21）もプラス。

スカート
作り方 P.47

お太鼓柄の名古屋帯で作ったカジュアルな
スカートは、柄部分を中央ではなく両サイ
ドにもっていくことで、おしゃれ感がアッ
プします。柄の配置を考えることも帯リメ
イクの楽しみ。

フリルスカート
作り方 P.50

やわらかな絹の名古屋帯は、ウエストのフリルが愛らしいスカートにおすすめ。お太鼓部分の柄と胴部分の柄をバランスよくサイドに配置。センターで揺れる紐リボンもポイント。

ロングスカート
作り方 P.47

黒地に赤と銀の糸を織り込んだ袋帯から、モダンなデザインのスカートが完成。六通柄の無地の部分を、片側の脇スカートに使用することでメリハリ感が生まれ、スラッと脚長効果を発揮。

Lesson 3　いちばんやさしいブラウス & ワンピース
−へこ帯−

やわらかい素材のへこ帯は、ブラウスやワンピースに最適。
シンプルなデザインは重ね着しやすく、オールシーズン楽しめます。

へこ帯ブラウス
作り方 P.52

顔まわりとバックスタイルをスッキリ見せる V ネックのブラウス
は、しわ加工をほどこした中幅・女性用のへこ帯をリメイク。洗
濯に強いポリエステル素材は、普段使いに重宝するアイテムです。

へこ帯ワンピース
作り方 P.52

中幅・男性用のへこ帯から仕立てたシックなワンピースは、重ね着しやすいシンプルデザインと、スカートの裾に配したしぼりが粋な佇(たたず)まい。着心地のいい正絹(しょうけん)素材は、オールシーズン着まわしたい。

へこ帯しぼり
ワンピース

作り方 P.58

男性用へこ帯の両端にあるしぼりを袖口に使った、可愛_{かわい}いバルーン袖のワンピース。大幅の帯地を3枚合わせ、ギャザーをたっぷりよせたスカートも女性らしさを引き立てます。上品なグレイカラーの帯地は正絹_{しょうけん}。

へこ帯しぼり
チュニック
作り方 P.59

「へこ帯しぼりワンピース（P.16）」のスカートを2枚の帯地で合わせ、ウエストまわりをスッキリ見せるデザインのチュニックにアレンジ。動きやすいサイドのスリットで、着心地のよさも抜群。大幅・男性用のへこ帯を使用。

Lesson 4　帯リメイク小物アイデア
－袋帯・名古屋帯・へこ帯－

帯の伝統的な柄を生かし、今の時代に合う可愛い小物のリメイクを紹介します。
洋服のリメイクで余った布も活用しましょう。

帯トート たてなが
作り方 P.69

「衿つきジャケット B（P.9）」の余った布で作ったシンプルなトートバッグは、帯幅をそのまま利用。裏地の無地をベースに、ポケットを柄に切り替えたデザインもポイントです。

帯トート よこなが
作り方 P.69

鮮やかな緑地に金銀の糸を織り込んだ艶やかな袋帯を、よこながのトートバッグにリメイク。派手な色の帯は、コーディネートの差し色になるので、小物作りにおすすめです。

帯ポーチ たてなが
作り方 P.72

「ベスト B（P.5）」の少し余った
帯地から可愛いポーチが完成。
取っ手は取り外し可能なサイド
のボタンにかける仕様なので、
ちがう帯地で取っ手を作り、着
せ替えするのも楽しい。

帯ポーチ よこなが
作り方 P.72

「帯パンツ（P.10）」とおそろい
で持ちたいシックなポーチは、
名古屋帯の胴部分を使用。銀糸
の刺繍が黒地に映えて、シンプ
ルなデザインを華やかに引き立
てます。

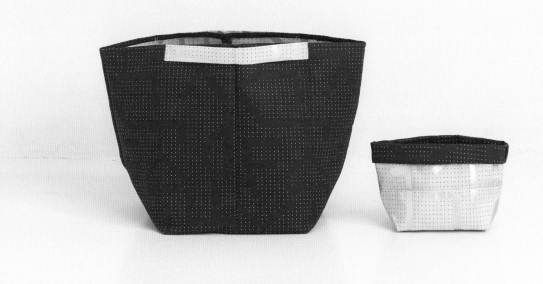

帯かごバッグ
作り方 P.74

帯地を2枚縫い合わせて取っ手をつけた、大きなかごバッグは、インテリアの収納としても、お出かけ時のバッグとしても使える優れもの。表と裏で配色が変わるように織り上げた、ハリ感のある名古屋帯を使用。

帯かご
作り方 P.75

「帯かごバッグ」と同じ名古屋帯で作った小さなかごは、裏側を活用するとちがった表情が楽しめます。作品は折り筋の汚れが目立つ胴部分を使用したので、端縫い処理（P.23）をほどこし、仕上がりをきれいに。

へこ帯エコバッグ 大
作り方 P.76

「へこ帯ブラウス（P.14）」の余り布で作ったエコバッグ。家庭で気軽に洗えるポリエステル素材だから、スーパーでの買い物に大活躍しそう。

へこ帯エコバッグ 小
作り方 P.76

子どもが成長して使わなくなった、浴衣用のへこ帯をエコバッグにリメイク。鮮やかな色としぼりの模様、涼しげなポリエステルの透け感もお気に入り。

へこ帯ポシェット A
作り方 P.78

アンティークの風合いが可愛いピンクの子ども用へこ帯で、おしゃれなポーチのできあがり。端のしぼり部分を使い、スカートの裾のように広がるデザインに注目です。

へこ帯ポシェット B
作り方 P.78

2本重ねた紐を長くしたポシェットは、紐を内側に縫いつけることで袋口がスッキリと見えます。「へこ帯ワイドパンツ（P.11）」の端のしぼり部分を活用。

袋帯、丸帯、名古屋帯について

帯は多様にありますが、ほどけば2枚（表地・裏地）の布になります。代表的な帯のほどいた目安の寸法を紹介します。

ほどいた帯地と目安の寸法

袋帯

一般的に礼装、略礼装用として使われることが多く、模様や織りが華やかな帯。二重太鼓が結べる長さです。柄のある表地と、無地の裏地の2枚を袋状に縫い合わせた帯が一般的。

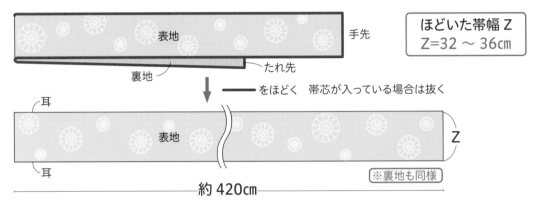

表地

手先

裏地

たれ先

ほどいた帯幅 Z
Z=32 〜 36cm

をほどく　帯芯が入っている場合は抜く

耳

表地

耳

Z

※裏地も同様

約 420cm

丸帯

昔は格式の高い礼服用の帯として使われていましたが、現代では花嫁衣装や舞妓さんの衣装で結ばれています。幅広く織りあげた帯地を二つ折りにして、片方の脇で縫い合わせた帯。本書のリメイクでは 1/2 に裁って使用。

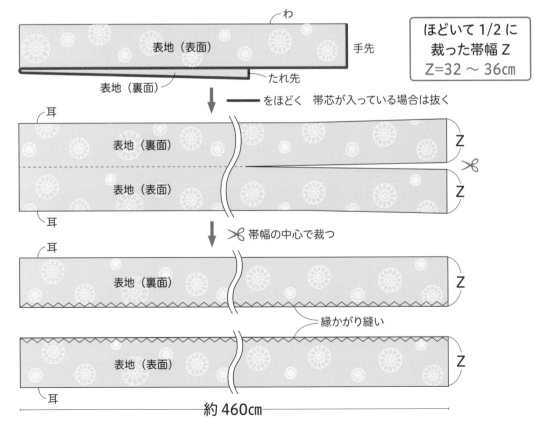

わ

表地（表面）

手先

表地（裏面）

たれ先

ほどいて 1/2 に裁った帯幅 Z
Z=32 〜 36cm

をほどく　帯芯が入っている場合は抜く

耳

表地（裏面）

表地（表面）

耳

Z

Z

帯幅の中心で裁つ

耳

表地（裏面）

耳

Z

縁かがり縫い

表地（表面）

Z

約 460cm

| 名古屋帯 | 一重太鼓が結べる長さで、胴に巻く部分を二つ折りにして縫い合わせた帯。セミフォーマルからカジュアルまで、多彩なデザインが楽しめます。柄のある表地と、無地の裏地の2枚を袋状に縫い合わせた仕立て方が一般的ですが、太鼓部分を折り返して両端の耳をかがっただけの帯（裏地・帯芯なし）もあります。 |

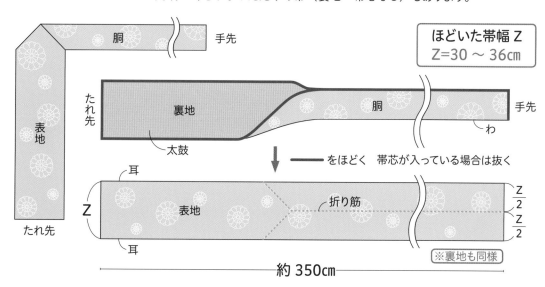

ほどいた帯幅 Z
Z＝30 ～ 36cm

胴　手先
たれ先　裏地　胴　手先
わ
表地　太鼓
たれ先

→ をほどく　帯芯が入っている場合は抜く

耳　表地　折り筋　$\frac{Z}{2}$ $\frac{Z}{2}$
Z
耳
※裏地も同様

約350cm

名古屋帯の折り筋が目立つときの端縫い処理

名古屋帯の折り筋が汚れや色褪せなどで消えない場合は、中心を端縫い処理して折り筋を隠しましょう。作品がキレイに仕上がります。

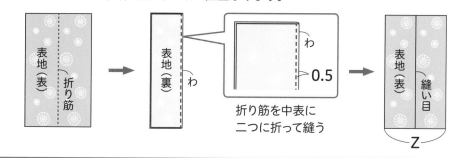

表地（表）　折り筋　→　表地（裏）　わ
わ　0.5
折り筋を中表に二つに折って縫う
→　表地（表）　縫い目　Z

ほどき方のポイント

帯はリッパーを使ってほどきます。とがった先端にひっかけて帯地を切ってしまわないように注意しましょう。

リッパー

ひっぱり出した糸

❶短辺のかがり縫いをリッパーのとがった長い先端で糸をすくいながら切る（名古屋帯は胴の二つ折りを先にほどく）。

❷長辺の並縫いやミシン縫いはリッパーで糸を引き上げる。引き上げた糸を手でひっぱりながら切る作業を繰り返してほどいていく。帯地が厚手、劣化しているなど、糸の滑りが悪いときは、リッパーで切りながらほどく。

袋帯と名古屋帯の美しい柄は、帯リメイクのポイントになります。
洋服や小物に、柄をバランスよく配するために、事前に位置を確認しましょう。

【全通柄】 たれ先から手先まで、全体に柄がある帯（総柄・通し柄ともよばれる）。

たれ先　　　　　　　　　　　　　　　　　　　　　　　　　　　　　　　手先

【六通柄】 帯は胴に二重に巻くため、一重めの柄が隠れる部分を無地に省略した帯。

たれ先　　　　　　　　　　　　　　　　無地　　　　　　　　　　　　　手先

【太鼓柄】 太鼓や胴の前中心になる部分に柄がある帯。

たれ先　　　無地　　　　　　無地　　　　　　　　　　無地　　　　　　手先

太鼓の中心　　　　　胴の中心

裏側の織りや刺繍の糸の処理

豪華な柄の織りや刺繍をほどこした帯は、裏側に糸がわたっている場合があります。そのままリメイクすると糸が指などにひっかかってしまうので、帯をほどいて裁断したあと、接着芯（片面アイロン接着）を貼っておきましょう。型崩れや、クリーニングなどによる生地のダメージを緩和することにもなります。接着芯は、不織布ではなく、帯地になじみやすい薄手の織物タイプを選びましょう。

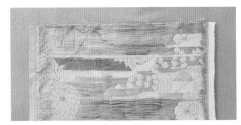

糸がわたっている帯地の裏

少し大きめの接着芯を帯地の裏に貼る

※袋帯も名古屋帯もほどくと表地・裏地2枚（裏地のない帯は1枚）の布になります。
作り方の材料に指定がなければ、どちらの帯でも長さが足りれば作品は作れます。

へこ帯について　帯幅が広くやわらかな素材のへこ帯は、男性用から子ども用までサイズはさまざま。作り始める前に寸法を確認しましょう。

へこ帯と目安の寸法

へこ帯は男性用と子ども用に作られましたが、近年では浴衣（ゆかた）などに合わせる
女性用のおしゃれなへこ帯も注目されています。

【大幅】 一般的に男性用が多く、無地や総しぼり、部分的にしぼりをほどこしたものがある。

帯幅 X
X= 約 74cm

380 〜 400cm

X

【中幅】 男性用だけでなく、モダンなデザインの女性用も多い。

帯幅 X
X=30 〜 60cm

380 〜 400cm

X

【子ども用】 色鮮やかな帯地にしぼりをほどこした可愛い（かわい）帯。幼児からジュニアサイズまで帯の幅と長さは広く展開している。本書ではリメイクに適したジュニアサイズ（帯幅約60cm）を使用。

帯幅 X
X=30 〜 60cm

240 〜 400cm

X

【注意】
- ■帯は時代や仕立て方によって寸法が大きく異なります。作り始める前に必ず帯地の幅と長さを確認しましょう。とくに帯幅は、洋服の身幅となるので注意しましょう。
- ■裁ち図で指定している部分の長さがたりなかったり、汚れやキズがあったりして使えないときは、同じ寸法がとれるほかの部分を使いましょう。
- ■帯は水で洗わず、先に作品を作ります。完成してからドライクリーニングしましょう。
- ■アイロンをあてるときは中温で、必ずあて布をします。スチームや水をかけると、縮みやシミの原因になるので、必ずドライアイロンで。金箔や金糸などは、アイロンではがれる場合があるのでアイロンは避けましょう（事前に余り布で試しておきましょう）。また、しぼりやしわ加工はアイロンで帯地を伸ばさないように注意しましょう。

※リメイク作品のサイズは、M 〜 L サイズに対応するフリーサイズ

帯リメイクで使う道具　本書で紹介する作品を作るときに使う道具を紹介します。

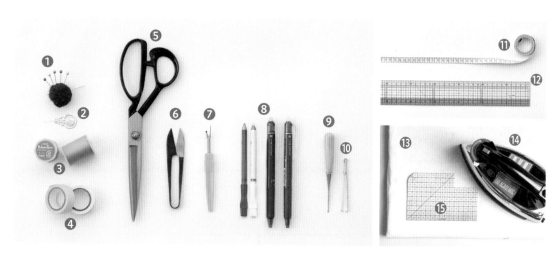

❶ピンクッション・手縫い針（普通地用）・マチ針　❷手縫い針用糸通し　❸手縫い糸（ボビンに巻いたスパン糸がおすすめ）　❹マスキングテープ（帯地のシミや表裏、ミシンの縫い代の目印に使用）❺裁ちバサミ　❻握りバサミ　❼リッパー（P.23 参照）　❽印つけ用のペン（こすって消えるボールペンもアイロンの熱で消えるので便利）　❾目打ち（袋状に縫った角をととのえるなど、細かい作業用）　❿紐通し（安全ピンでも代用できる）　⓫メジャー（定規ではたりない長い帯地などの採寸に使用）　⓬方眼定規（30cm以上のものが便利）　⓭アイロン台　⓮アイロン　⓯アイロン定規（三つ折りをするときに、折り返し寸法をはかりながらアイロンがあてられるので便利）

※ミシン・ミシン針・ミシン糸は P.27 参照

帯をまっすぐ裁つ　裁ち図の寸法を参照し、帯地の裏に直接印つけ用のペンなどで線を引いて、まっすぐ裁ちます。

印つけ	裁断

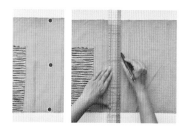

裁ち図に記載されている寸法を定規やメジャーではかり、3点に印をつける。3点を結んでまっすぐ線を引く。

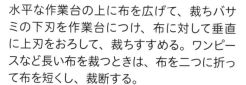

水平な作業台の上に布を広げて、裁ちバサミの下刃を作業台につけ、布に対して垂直に上刃をおろして、裁ちすすめる。ワンピースなど長い布を裁つときは、布を二つに折って布を短くし、裁断する。

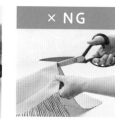

× NG

布と裁ちバサミを作業台から浮かせたり、刃を傾けたりするとゆがむので注意。

ミシン縫いの基本

ミシンでの縫い方の基本を紹介します。実際に使う帯地と糸で試し縫いをしてから始めましょう。

ミシンについて

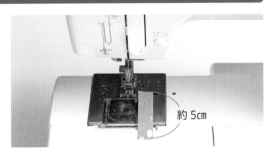

約5cm

本書の作品は、直線縫い、あら縫い、ジグザグ縫いの3種類で作れます。両手で布を扱うことができるフットコントローラがあるとミシンがけが安定するのでおすすめです。

ミシンの針がおりるところから縫い代分はなれたところに、約5cm長さのマスキングテープを貼り、布をテープに沿わせながらミシンをすすめると、まっすぐに縫えます。

ミシン針と糸の関係

帯地の厚さ	ミシン針	ミシン糸
薄地	9号	90番
普通地	11号	60番
厚地	14号	30番

ミシンの針と糸は、表を参考に布の厚みに合わせて替えます。帯は厚地の織物が多く、針14号と糸30番を用意しておくと安心です。糸の色は、縫い目が目立たないように布に近い色を、柄布はいちばん多い色を、薄い色の布は1トーン明るい色、濃い色の布は1トーン暗い色を選ぶといいでしょう。

ミシン縫いの種類

【直線縫い】

縫い始め

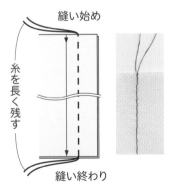

縫い終わり

約2mmの目で縫う基本の縫い目。糸がほどけないよう、縫い始めと終わりは約1cm返し縫いする。

【あら縫い】

縫い始め

糸を長く残す

縫い終わり

ギャザーを縫うときなど、約4mmの目で縫うあら縫い。縫い始めと終わりは返し縫いをせず、糸を長く残す。

【縁かがり縫い】

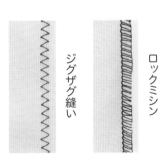

ジグザグ縫い

ロックミシン

裁断した布端のほつれを防ぐために縁かがり縫いをする。ロックミシンがない場合は、家庭用ミシンでジグザグ縫いをする。手縫いの場合は布の端から2～3mmを並縫い（P.28）。

手縫いの基本

着物のように手縫いで作る場合、4つの基本の縫い方で本書の作品を作ることができます。丁寧に針をすすめましょう。

並縫い

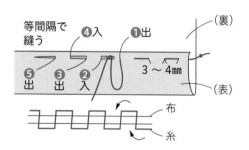

表裏を等間隔の縫い目でまっすぐ縫う、手縫いの基本。二つ折りや三つ折りに用いる。

本返し縫い

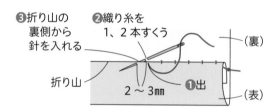

ひと針ずつ後ろに戻りながら縫いすすめる。布と布を合わせて縫うときに用いる。

コの字縫い

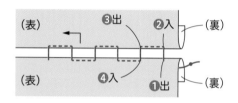

2枚の布の縫い目を見せず、コの字を描くように縫い代をぴったりととじ合わせる。返し口をとじるときなどに用いる。

まつり縫い

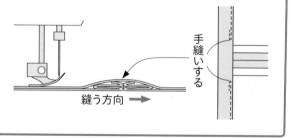

縫い目が表から目立たないので、スカートやパンツの裾上げなどに用いる。

帯地の重なり部分に注意！

帯地は、着物地や布帛に比べると生地が厚いものが多く、とくに、三つ折り、タックをたたんだ部分などは帯地が重なり、ミシンによっては、縫いすすめられない場合があります。無理に縫いすすめず、帯地が重なった部分の手前で返し縫いし、手縫いをしましょう。

縫う方向 →

手縫いする

マチ針のとめ方の順番（図はミシンの順番。手縫いの場合は逆になります）

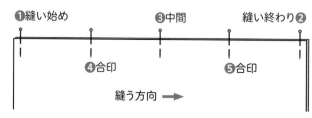

❶縫い始め　❸中間　縫い終わり❷
❹合印　❺合印
縫う方向 →

マチ針は、縫い方向に対し垂直に布にとめるのが基本。❶縫い始めと❷終わり、❸中間、❹❺の合印にとめます。マチ針をなくすと危ないので、本数が管理しやすい5本くらいが目安。

裁ち図と作り方の図の見方

型紙を使用せず、裁ち図をもとに帯地を裁断し、アイテムを縫っていきます。作り始める前に図の見方を確認しておきましょう。

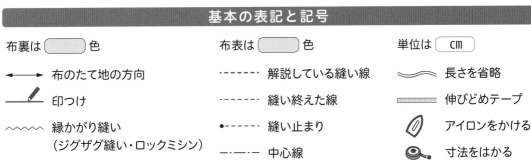

基本の表記と記号

布裏は　　色	布表は　　色

単位は CM

記号	意味
←→	布のたて地の方向
✎	印つけ
〜〜〜	縁かがり縫い（ジグザグ縫い・ロックミシン）
-------	解説している縫い線
-------	縫い終えた線
•------	縫い止まり
—·—·—	中心線
〜〜	長さを省略
▥▥▥	伸びどめテープ
⌒	アイロンをかける
◉	寸法をはかる

裁ち図の見方

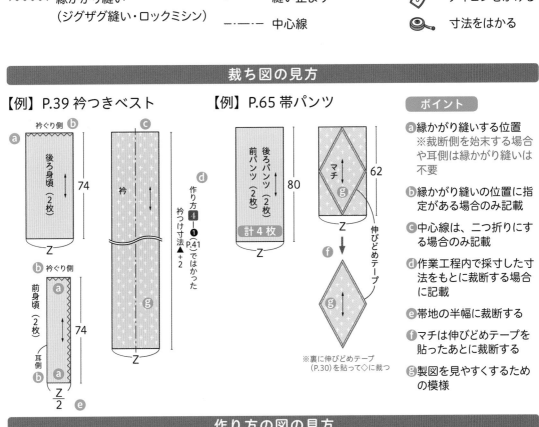

【例】P.39 衿つきベスト

衿ぐり側 ⓑ ⓒ
後ろ身頃（2枚）74 Z
衿 作り方 ④-❶（P.41）ではかった衿つけ寸法▲+2
ⓐ ⓓ

ⓑ 衿ぐり側
前身頃（2枚）ⓐ 74
耳側 ⓑ ⓐ
Z／2 ⓔ

【例】P.65 帯パンツ

後ろパンツ（前パンツ（2枚）80
計4枚 Z

マチ 62 ⓖ Z 伸びどめテープ
ⓕ ⓖ

※裏に伸びどめテープ（P.30）を貼って◇に裁つ

ポイント

ⓐ 縁かがり縫いする位置
※裁断側を始末する場合や耳側は縁かがり縫いは不要

ⓑ 縁かがり縫いの位置に指定がある場合のみ記載

ⓒ 中心線は、二つ折りにする場合のみ記載

ⓓ 作業工程内で採寸した寸法をもとに裁断する場合に記載

ⓔ 帯地の半幅に裁断する

ⓕ マチは伸びどめテープを貼ったあとに裁断する

ⓖ 製図を見やすくするための模様

作り方の図の見方

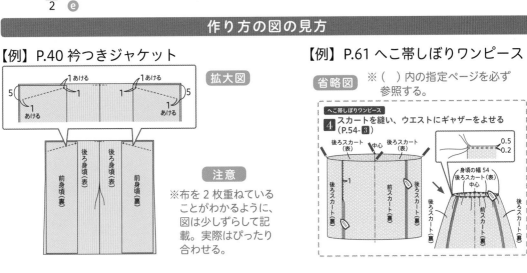

【例】P.40 衿つきジャケット

拡大図

1あける 1あける
5 1 1 5
1あける 1あける

後ろ身頃（表）後ろ身頃（表）
前身頃（裏）前身頃（裏）

注意

※布を2枚重ねていることがわかるように、図は少しずらして記載。実際はぴったり合わせる。

【例】P.61 へこ帯しぼりワンピース

省略図

※（　）内の指定ページを必ず参照する。

へこ帯しぼりワンピース
④ スカートを縫い、ウエストにギャザーをよせる（P.54-❸）

後ろスカート（表）中心 後ろスカート（表）
後ろスカート（表）1
前スカート（裏）後ろスカート（裏）

0.5 0.2
身頃の幅54
後ろスカート（表）中心
後ろスカート（裏）前スカート（裏）

単位は㎝	----- 解説している縫い線
Z は帯幅（幅は帯によって異なる）	----- 縫い終えた線
← 布のたて地の方向	●─ 縫い止まり
〰〰 縁かがり縫い（裁ち図のみに記載）	─·─ 中心線

ジャケット

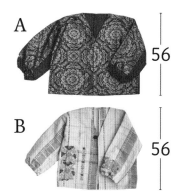

A ┤ 56

B ┤ 56

写真 P.6・7

裁ち図✂ ジャケット A・B 共通

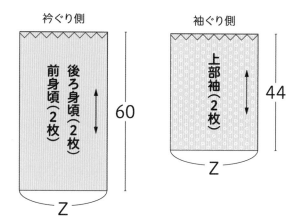

衿ぐり側　　　　袖ぐり側

後ろ身頃（2枚）前身頃（2枚）　60

上部袖（2枚）　44

Z

Z

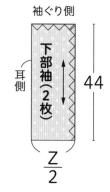

袖ぐり側

下部袖（2枚）　44

耳側

Z／2

● 材料

ー共通ー
● 帯…1本
● 1.2㎝幅の伸びどめテープ
　（片面アイロン接着）…適宜
● 1.5㎝幅の平ゴム…28㎝×2本
ー A ー
● 直径 0.7㎝のボタンとループ…3 組
● 直径 1㎝のくるみスナップボタン…2 組
ー B ー
● 直径 2.3㎝のボタンとループ…1 組

─ MEMO ─

伸びどめテープ

片面にアイロン接着剤のついた平織りのテープ。衿ぐりなど、斜めに縫うときに伸びどめテープを貼っておくと、布の伸びをおさえて縫いやすくなる。

ボタンループ

上は市販のボタンループ。下はボタンの色や大きさに合わせて好みの紐を二つ折りにして縫いつけたループ。伸縮性のあるリボンや丸ゴムを代用してもよい。

くるみスナップボタン

薄い布でくるんだスナップボタン。布地になじみ、洋服の前をあけたとき目立ちにくい。

ベスト

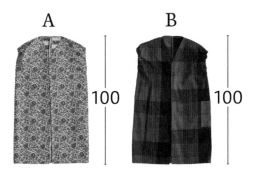

A　　　B

100　　100

写真 P.4・5

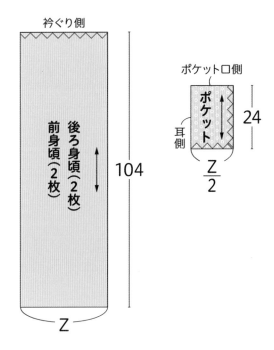

衿ぐり側

後ろ身頃（2枚）
前身頃（2枚）

104

Z

ポケット口側

ポケット

耳側

24

$\frac{Z}{2}$

- **材料**

  ー共通ー
  - ●帯…1本
  - ● 1.2cm幅の伸びどめテープ
    （片面アイロン接着 P.30）…適宜
  - ● 1.5cm幅の平ゴム…40cm × 2本
  - ●直径 1cmの好みのボタンとループ
    （P.30）…3 組

作り方 👚 ジャケット・ベスト共通

1 後ろ身頃の中心と タックを縫う

❶後ろ身頃を中表に合わせ、後ろ中心を
　縫う

2　1

20

❷タックを縫う

後ろ身頃（裏）

0.5

（表）

❸縫い代を割ってタックをたたみ、
　上からタックを押さえて縫う

2 前身頃の前中央を縫う

❶前身頃の前中央を折って縫う

2　　2

0.2　　0.2

前身頃（裏）　　前身頃（裏）

3 肩を縫う

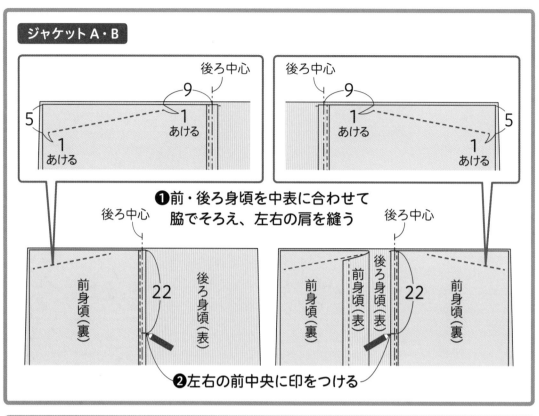

ジャケット A・B

後ろ中心
9
5
1
あける
1
あける

後ろ中心
9
1
あける
5
1
あける

❶前・後ろ身頃を中表に合わせて
脇でそろえ、左右の肩を縫う

後ろ中心
前身頃（裏）
22
後ろ身頃（表）

後ろ中心
前身頃（裏）
前身頃（表）
後ろ身頃（表）
22
前身頃（裏）

❷左右の前中央に印をつける

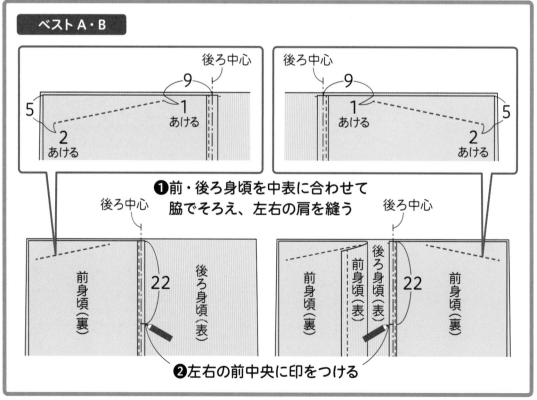

ベスト A・B

後ろ中心
9
5
1
あける
2
あける

後ろ中心
9
1
あける
5
2
あける

❶前・後ろ身頃を中表に合わせて
脇でそろえ、左右の肩を縫う

後ろ中心
前身頃（裏）
22
後ろ身頃（表）

後ろ中心
前身頃（裏）
前身頃（表）
後ろ身頃（表）
22
前身頃（裏）

❷左右の前中央に印をつける

4 衿ぐりを縫う

❶肩の縫い目の端から印まで アイロンで折り筋をつける

後ろ身頃（表）
後ろ中心
前身頃（表）
前身頃（裏）
前身頃（裏）
折り筋
印

❷折り筋に沿って 伸びどめテープを貼る

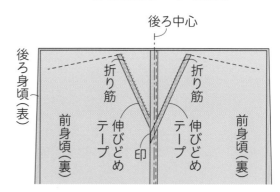

後ろ中心
後ろ身頃（表）
折り筋
折り筋
伸びどめテープ
伸びどめテープ
前身頃（裏）
前身頃（裏）
印

❸衿ぐりを折る

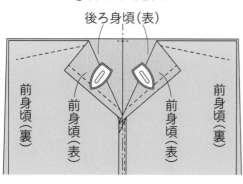

後ろ身頃（表）
前身頃（裏）
前身頃（表）
前身頃（表）
前身頃（裏）

❹肩の縫い代と後ろ衿ぐりを 後ろ身頃側にたおす

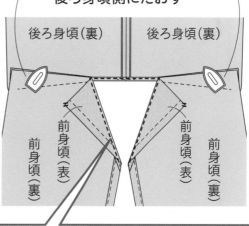

後ろ身頃（裏）
後ろ身頃（裏）
前身頃（表）
前身頃（裏）
前身頃（表）
前身頃（裏）

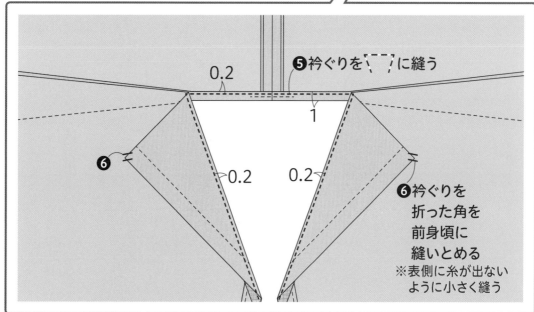

0.2

❺衿ぐりを ╴╴╴ に縫う

1

❻

0.2

0.2

❻衿ぐりを 折った角を 前身頃に 縫いとめる

※表側に糸が出ない ように小さく縫う

33

5 脇を縫い、袖をつける

❶上部袖と下部袖を中表に合わせて縫う

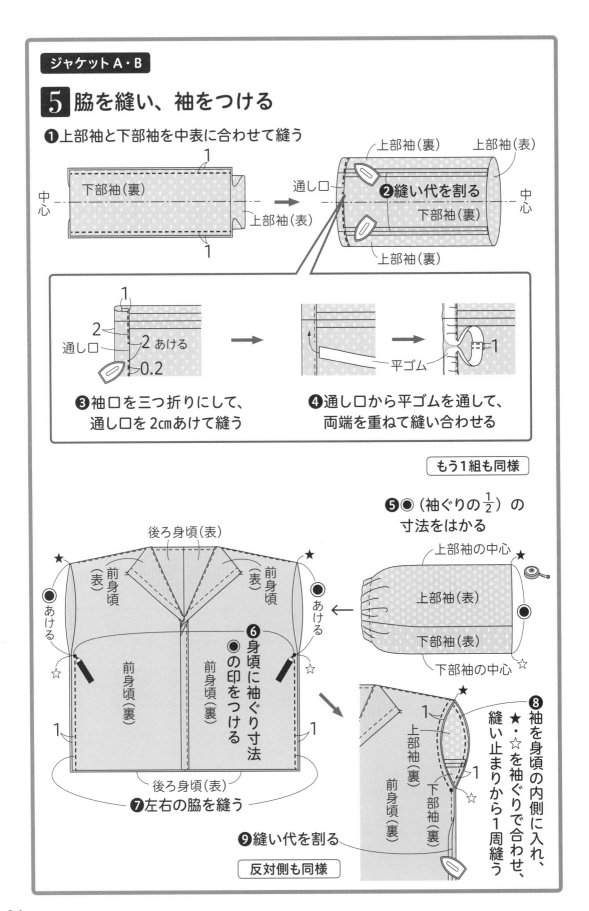

中心　下部袖（裏）　　1　　上部袖（表）

上部袖（裏）　　上部袖（表）

通し口　❷縫い代を割る　　中心

下部袖（裏）

上部袖（裏）

1
2
通し口　　2 あける
0.2

❸袖口を三つ折りにして、通し口を2cmあけて縫う

平ゴム

1

❹通し口から平ゴムを通して、両端を重ねて縫い合わせる

もう1組も同様

❺◉（袖ぐりの$\frac{1}{2}$）の寸法をはかる

上部袖の中心　★

上部袖（表）

下部袖（表）

下部袖の中心　☆

後ろ身頃（表）

★　前身頃（表）　前身頃（表）　★

◉あける　　◉あける

前身頃（裏）　前身頃（裏）

❻身頃に袖ぐり寸法◉の印をつける

1　　1

後ろ身頃（表）

❼左右の脇を縫う

1
上部袖（裏）
前身頃（裏）
下部袖（裏）

❽袖を身頃の内側に入れ、★・☆を袖ぐりで合わせ、縫い止まりから1周縫う

❾縫い代を割る

反対側も同様

5 脇を縫い、袖ぐりを縫う

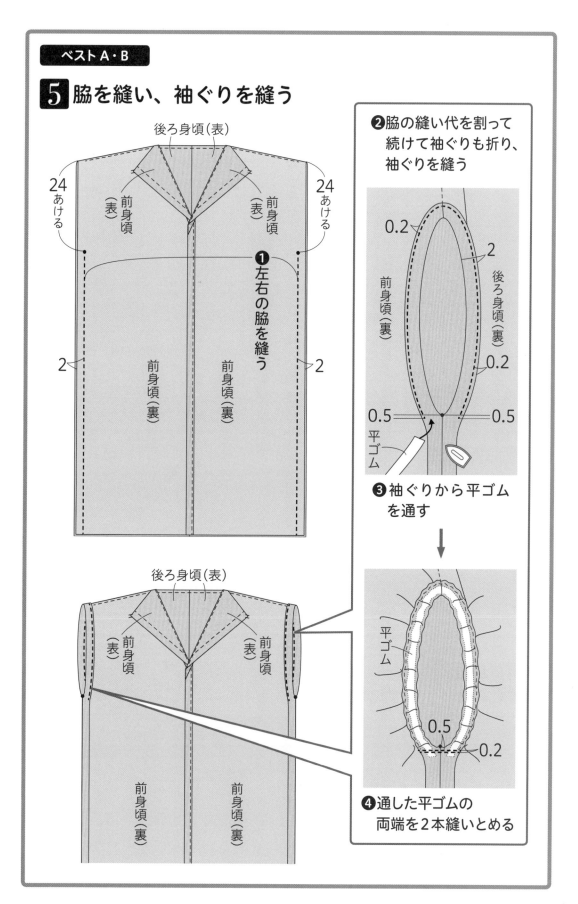

後ろ身頃（表）

24 あける

24 あける

前身頃（表）

前身頃（表）

❶左右の脇を縫う

2

2

前身頃（裏）

前身頃（裏）

❷脇の縫い代を割って続けて袖ぐりも折り、袖ぐりを縫う

0.2

2

前身頃（裏）

後ろ身頃（裏）

0.2

0.5

0.5

平ゴム

❸袖ぐりから平ゴムを通す

平ゴム

0.5

0.2

❹通した平ゴムの両端を2本縫いとめる

後ろ身頃（表）

前身頃（表）

前身頃（表）

前身頃（裏）

前身頃（裏）

6 ボタンをつける

ジャケットA

❶ボタンを縫いつける
（P.46）

❷ループを縫いつける
※表側に糸が出ないように
手で縫いつける

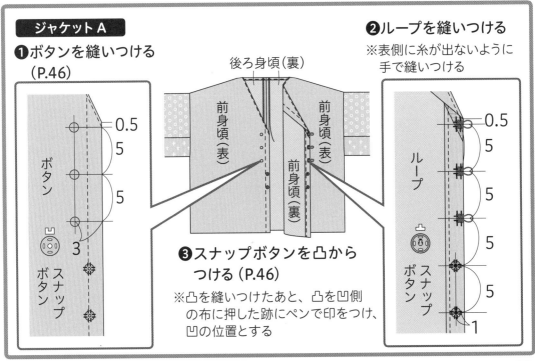

ボタン

スナップボタン

0.5
5
5
3

後ろ身頃（裏）

前身頃（表）

前身頃（表）

前身頃（裏）

**❸スナップボタンを凸から
つける**（P.46）

※凸を縫いつけたあと、凸を凹側
の布に押した跡にペンで印をつけ、
凹の位置とする

ループ

スナップボタン

0.5
5
5
5
5
1

ジャケットB

**❶ボタンを縫い
つける**（P.46）

ボタン

0.5
3

後ろ身頃（裏）

前身頃（表）

前身頃（裏）

前身頃（表）

❷ループを縫いつける
※表側に糸が出ないように
手で縫いつける

ループ

0.5

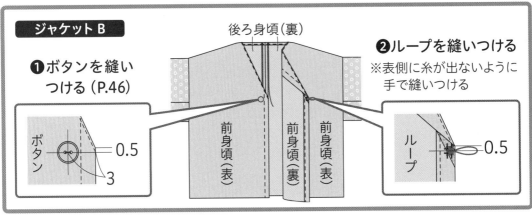

ベストA・B

❶ボタンを縫いつける（P.46）

ボタン

0.5
5
5
3

後ろ身頃（裏）

前身頃（表）

前身頃（裏）

前身頃（表）

❷ループを縫いつける
※表側に糸が出ないように
手で縫いつける

ループ

0.5
5
5

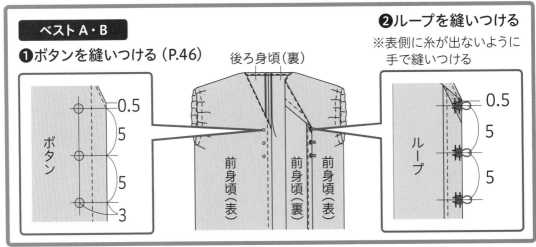

7 裾を縫う

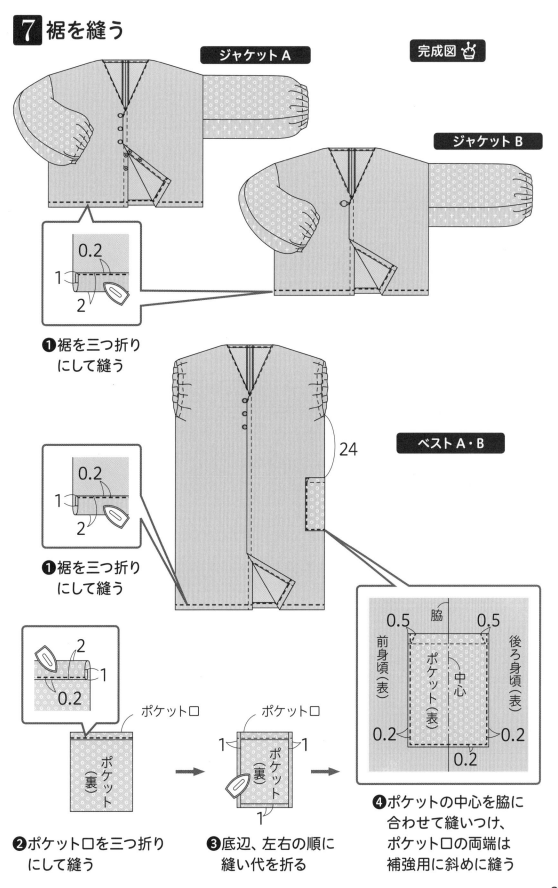

ジャケット A

完成図

ジャケット B

0.2
1
2

❶裾を三つ折り
にして縫う

24

ベスト A・B

0.2
1
2

❶裾を三つ折り
にして縫う

2
1
0.2

ポケット口

ポケット
（裏）

ポケット口

1　　1

ポケット
（裏）

1

脇
0.5　　0.5
前身頃（表）　　後ろ身頃（表）
ポケット（表）
中心
0.2　　0.2
0.2

❷ポケット口を三つ折り
にして縫う

❸底辺、左右の順に
縫い代を折る

❹ポケットの中心を脇に
合わせて縫いつけ、
ポケット口の両端は
補強用に斜めに縫う

単位は cm
Z は帯幅（幅は帯によって異なる）
◄──► 布のたて地の方向
〰〰 縁かがり縫い（裁ち図のみに記載）

┈┈┈ 解説している縫い線
┄┄┄ 縫い終えた線
●━━● 縫い止まり
━─━ 中心線

衿つきジャケット

A

55

B

55

写真 P.9

● **材料**

ー共通ー
● 帯…1本
● 直径 1cmの
　くるみスナップボタン（P.30）
　…1組

裁ち図 ✂ 衿つきジャケット A・B 共通

衿ぐり側

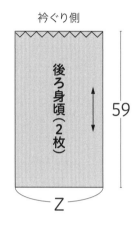

後ろ身頃（2枚）

59

Z

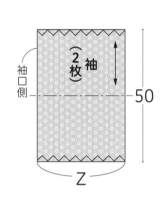

袖口側

（2枚）袖

50

Z

衿ぐり側

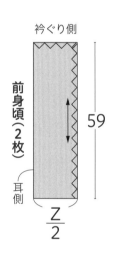

前身頃（2枚）

59

耳側

$\dfrac{Z}{2}$

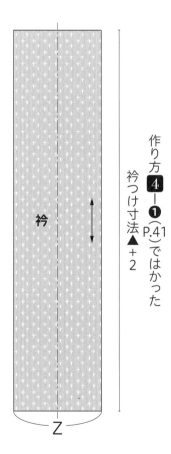

衿

作り方 ❹ー➊（P.41）ではかった衿つけ寸法 ▲ +2

Z

衿つきベスト

写真 P.8

70

材料
● 帯…1本
● 1㎝幅のリボン
　…65㎝ × 2本

裁ち図 ✂

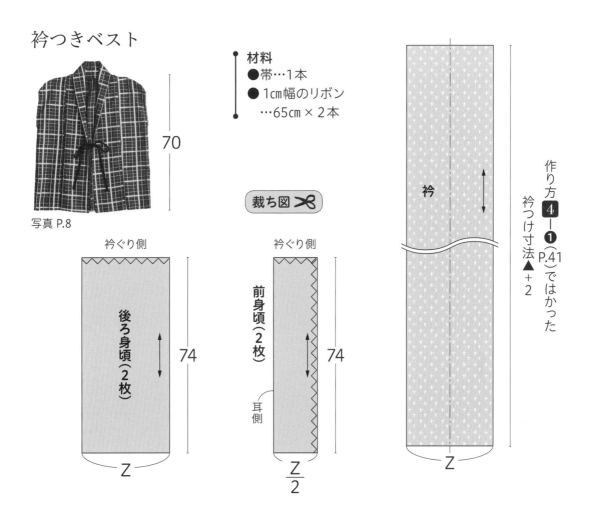

衿ぐり側

後ろ身頃（2枚）

74

Z

衿ぐり側

前身頃（2枚）

耳側

74

$\dfrac{Z}{2}$

衿

作り方 **4**ー**❶**（P.41）ではかった 衿つけ寸法▲ ＋2

Z

作り方 👒 衿つきジャケット A・B、衿つきベスト共通

1 後ろ身頃の中心と タックを縫う

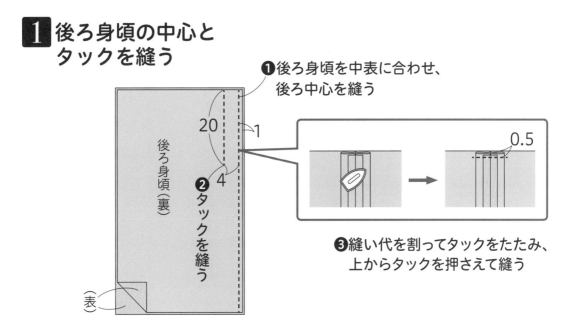

❶後ろ身頃を中表に合わせ、
　後ろ中心を縫う

後ろ身頃（裏）

20

1

❷タックを縫う

4

（表）

0.5

❸縫い代を割ってタックをたたみ、
　上からタックを押さえて縫う

② 肩を縫う

❶前・後ろ身頃を中表に合わせて脇でそろえ、
　左右の肩を縫う

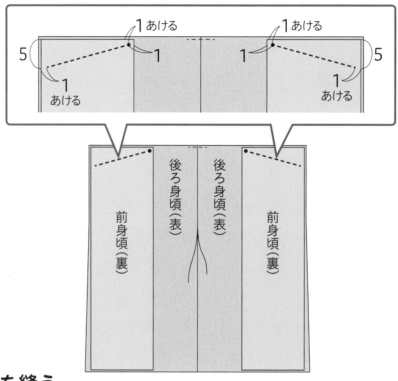

③ 脇と裾を縫う

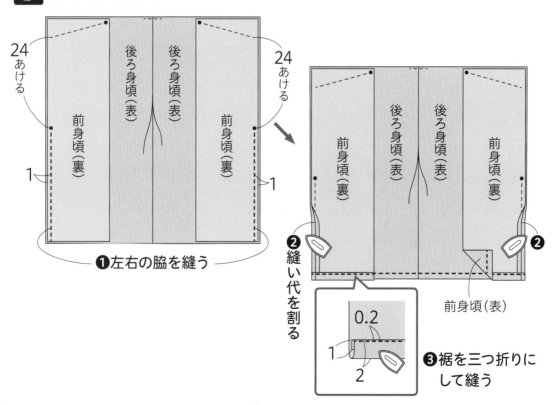

❶左右の脇を縫う

❷縫い代を割る

0.2
1
2

前身頃（表）

❸裾を三つ折りに
　して縫う

4 衿を作る

❶衿つけ線の印をつけ、
A+B+C の衿つけ寸法▲
をはかる

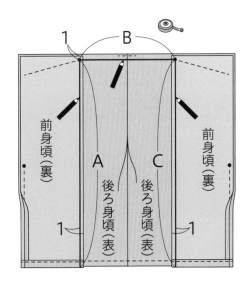

❷ A+B+C の衿つけ寸法▲+ 2㎝で衿を裁ち、
　中表に二つ折りにして短辺の両端を縫う

❸衿を表に返してアイロンでととのえ、長辺を縫う

❹衿の中心に印をつける

5 衿を後ろ身頃につける

❶衿と後ろ身頃の中心を合わせ、
　後ろ衿ぐりを縫う

※前身頃の端を折り、
　縫わないように注意する

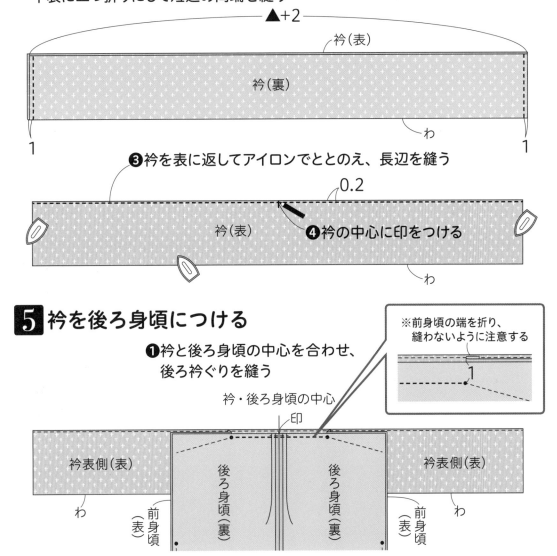

6 衿を前身頃につける

❶前側に返し、衿を折って身頃の中に入れこむ

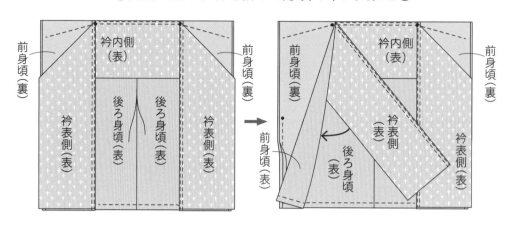

❷前身頃と衿の端を合わせる

❸前身頃と衿を縫う

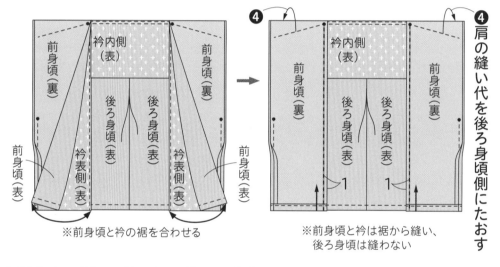

※前身頃と衿の裾を合わせる

※前身頃と衿は裾から縫い、後ろ身頃は縫わない

❹肩の縫い代を後ろ身頃側にたおす

❺身頃を表に返し、衿ぐりの縫い代を身頃側にたおし、後ろの衿ぐりを縫う

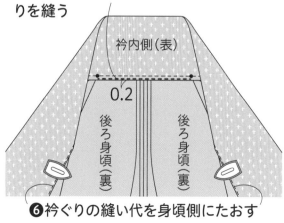

❻衿ぐりの縫い代を身頃側にたおす

❼背の衿を半分に折って後ろ身頃側にたおし、コの字縫い（P.28）でとめる

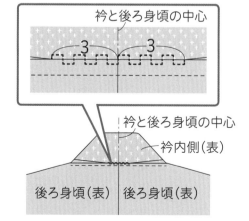

7 袖をつける

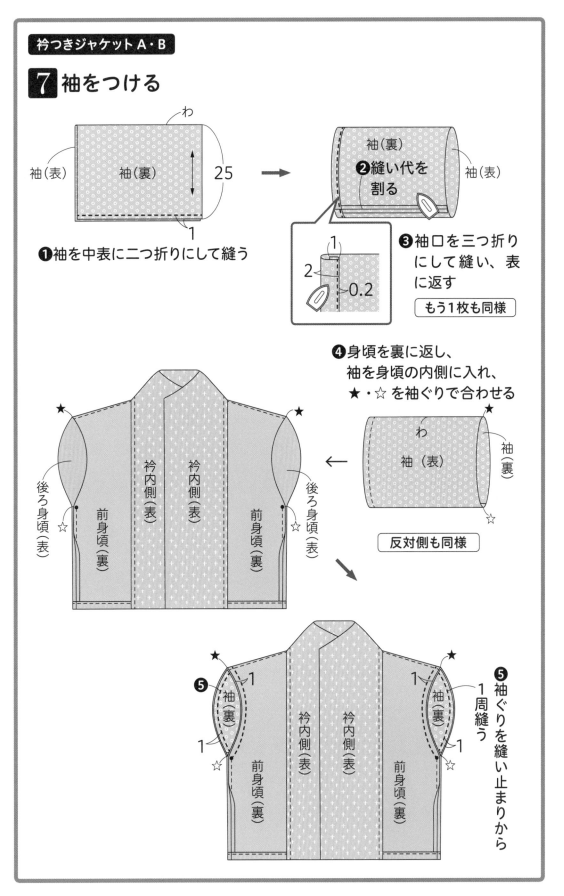

❶袖を中表に二つ折りにして縫う

わ
袖（表）
袖（裏）
25
1

❷縫い代を割る
袖（裏）
袖（表）

1
2
0.2

❸袖口を三つ折りにして縫い、表に返す

もう1枚も同様

❹身頃を裏に返し、袖を身頃の内側に入れ、★・☆を袖ぐりで合わせる

わ
袖（表）
袖（裏）
★
☆

反対側も同様

★
後ろ身頃（表）
前身頃（裏）
衿内側（表）
衿内側（表）
前身頃（裏）
後ろ身頃（表）
☆
★
☆

❺
★
1
袖（裏）
1
☆
前身頃（裏）
衿内側（表）
衿内側（表）
前身頃（裏）
1
袖（裏）
1
★
☆

❺袖ぐりを縫い止まりから1周縫う

7 袖ぐりとタックを縫う

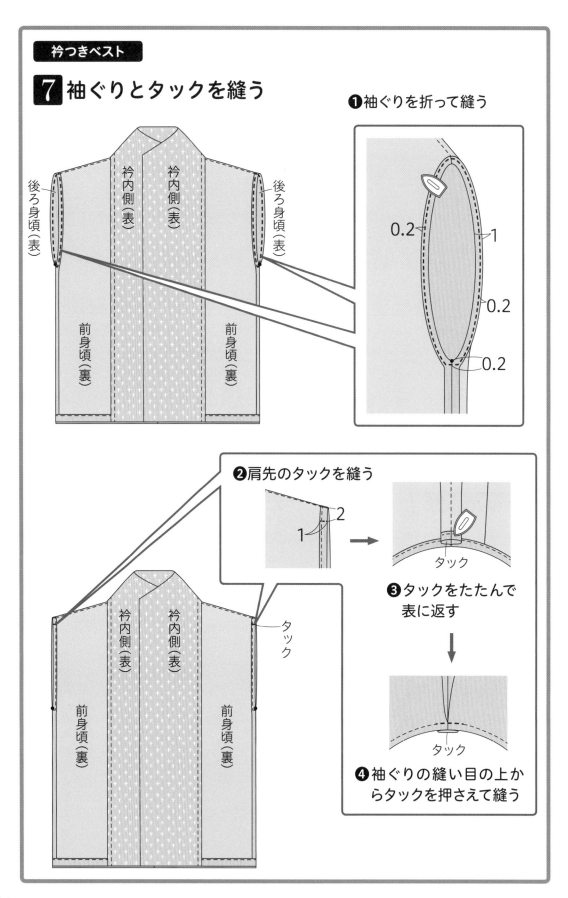

❶袖ぐりを折って縫う

0.2　1
0.2
0.2

後ろ身頃（表）
衿内側（表）
衿内側（表）
後ろ身頃（表）
前身頃（裏）
前身頃（裏）

❷肩先のタックを縫う

1　2

タック

❸タックをたたんで表に返す

タック

❹袖ぐりの縫い目の上からタックを押さえて縫う

タック

衿内側（表）
衿内側（表）
前身頃（裏）
前身頃（裏）
タック

衿つきジャケットA・B

8 ボタンをつける

完成図 👶

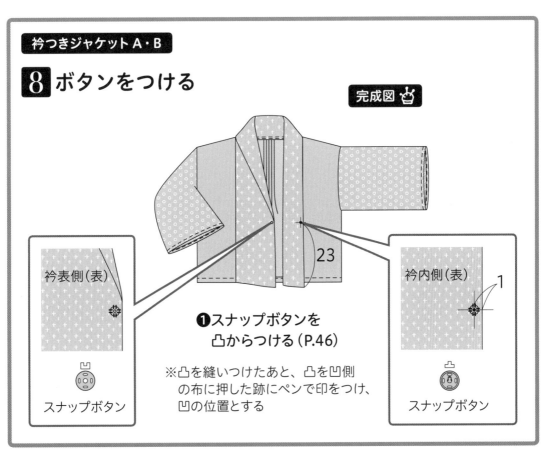

衿表側（表）

スナップボタン

❶スナップボタンを
凸からつける（P.46）

※凸を縫いつけたあと、凸を凹側
　の布に押した跡にペンで印をつけ、
　凹の位置とする

23

衿内側（表）

1

スナップボタン

衿つきベスト

8 リボンをつける

完成図 👶

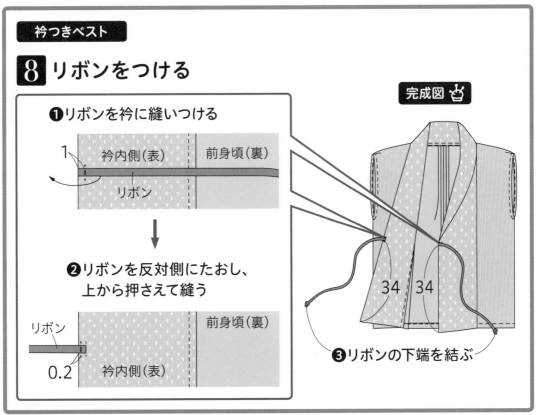

❶リボンを衿に縫いつける

1

衿内側（表）　前身頃（裏）

リボン

❷リボンを反対側にたおし、
　上から押さえて縫う

リボン

前身頃（裏）

0.2　衿内側（表）

34　34

❸リボンの下端を結ぶ

ボタンのつけ方

【2つ・4つ穴ボタン】

4つ穴は、もう2つの穴も同様

約 0.3cm浮かせる

つけ位置の中心

玉結び

糸2本どり

❶ つけ位置の中心を1針すくい、ボタンの穴に糸を通す

❷ 約 0.3cmボタンを浮かせ、3、4回穴に糸を通す

【足つきボタン】

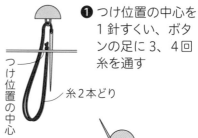
つけ位置の中心

糸2本どり

❶ つけ位置の中心を1針すくい、ボタンの足に3、4回糸を通す

玉どめ

❷ 針を裏側に出して玉どめし、表に出して糸を切る

❸ 糸を表に出し、浮かせた部分に、糸を2、3回巻きつける

帯地（表）

❹ 糸で作った輪に針を通し、輪をしぼりながら糸を締める

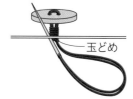
玉どめ

❺ 針を裏側に出して玉どめし、表に出して糸を切る

スナップボタンのつけ方

※凸を縫いつけたあと、凸を凹側の布に押した跡にペンで印をつけ、凹の位置とする

※ここからマチ針省略

❶ つけ位置の中心から少し外して、1針すくう

❷ 中央の穴にマチ針を通してとめ、縫い針をスナップボタンの穴に通す

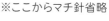

❸ 布を1針すくい、スナップボタンの穴に通す

❹ 糸で輪を作り、下から針をくぐらせる工程を3～5回繰り返す

❺ 布を1針すくって次の穴に移動し、❸❹を繰り返す

❻ 縫い終わりの穴のきわに玉どめを作る

❼ 玉どめをスナップボタンの下に入れて糸を切り、マチ針を外す

46

単位はcm
Zは帯幅（幅は帯によって異なる）
←→ 布のたて地の方向
〰〰 縁かがり縫い（裁ち図のみに記載）

----- 解説している縫い線
---- 縫い終えた線
●―― 縫い止まり
―・― 中心線

スカート

65

写真 P.12

材料
● 帯…1本
● 2cm幅の平ゴム
　…適宜（ウエスト＋1cmを調整）

裁ち図 ✂

後ろスカート
前スカート

73

Z

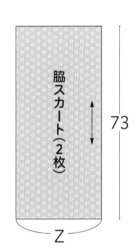

脇スカート（2枚）

73

Z

ロングスカート

73

写真 P.13

材料
● 帯…1本
● 2cm幅の平ゴム
　…適宜（ウエスト＋1cmを調整）

裁ち図 ✂

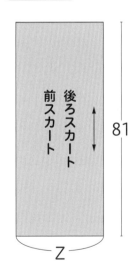

後ろスカート
前スカート

81

Z

脇スカート（2枚）

81

Z

1 前・後ろスカートと脇スカートを縫う

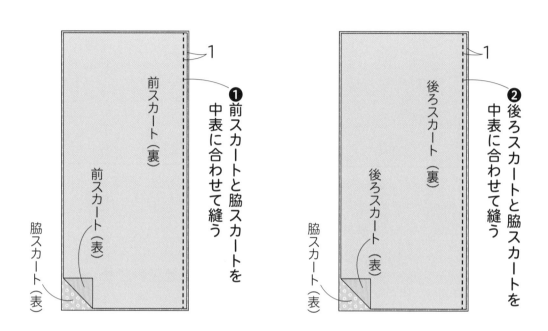

❶前スカートと脇スカートを中表に合わせて縫う

前スカート（裏）

前スカート（表）

脇スカート（表）

❷後ろスカートと脇スカートを中表に合わせて縫う

後ろスカート（裏）

後ろスカート（表）

脇スカート（表）

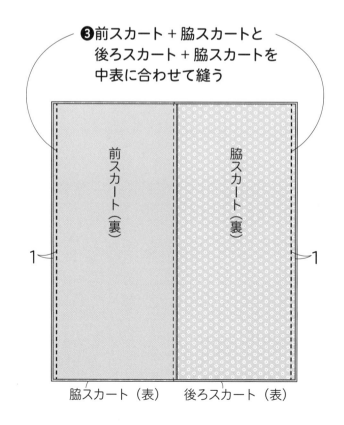

❸前スカート＋脇スカートと後ろスカート＋脇スカートを中表に合わせて縫う

前スカート（裏）

脇スカート（裏）

脇スカート（表）　後ろスカート（表）

2 ウエストと裾を縫う

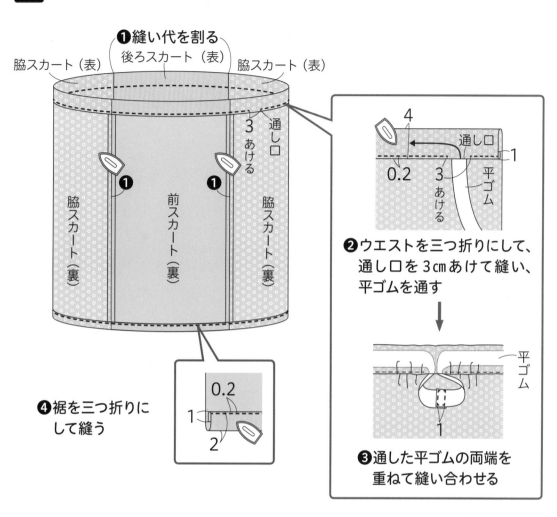

❶縫い代を割る

脇スカート（表）　後ろスカート（表）　脇スカート（表）

脇スカート（裏）　前スカート（裏）　脇スカート（裏）

通し口
3
あける

❶

❶

❷ウエストを三つ折りにして、通し口を3㎝あけて縫い、平ゴムを通す

4　通し口　1
0.2　3　平ゴム
あける

平ゴム

1

❸通した平ゴムの両端を重ねて縫い合わせる

❹裾を三つ折りにして縫う

0.2
1
2

完成図

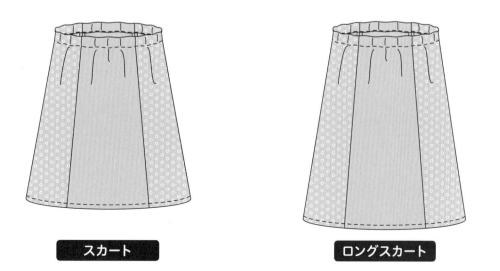

スカート　　　ロングスカート

単位はcm
Zは帯幅（幅は帯によって異なる）
←→ 布のたて地の方向
〰〰 縁かがり縫い（裁ち図のみに記載）

┅┅→ 解説している縫い線
┄┄┄ 縫い終えた線
●┅┅ 縫い止まり
─・─ 中心線

フリルスカート

85

写真 P.13

● **材料**
- ●帯…1本
- ● 2cm幅の平ゴム
  …適宜（ウエスト＋1cmを調整）
- ● 0.5cm幅の紐…170cm
- ●ループエンド…2個

裁ち図 ✂

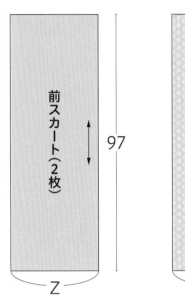

前スカート（2枚）　97

Z

後ろスカート（2枚）　97

Z

作り方 👐

1 前・後ろスカートを縫う

1

13.5

3
あける

通し口

前スカート（裏）

（表）

❶ 前スカートを中表に合わせ、通し口を3cmあけて縫う

1

後ろスカート（裏）

（表）

❷ 後ろスカートを中表に合わせて縫う

②脇、ウエスト、裾を縫う

❶前・後ろスカートを中表に
合わせ、左右の脇を縫う

1

通し口

1

前スカート（裏）

前スカート（裏）

後ろスカート（表）

❷縫い代を割る

後ろスカート（表）　後ろスカート（表）

通し口

❷　前スカート（裏）　❷　前スカート（裏）　❷

❸ウエストを
三つ折りにして
ゴム通しを縫う

8　4
1
0.2

前スカート（表）　通し口　前スカート（表）

ゴム通し

後ろスカート
（裏）

後ろスカート
（裏）

平ゴム

通し口

1

❹通し口から平ゴムを通し、
両端を重ねて縫い合わせる

完成図

❺通し口に紐を通す

通し口

紐

❻紐にループエ
ンドを通し、
下端を結ぶ

0.2
1
2

❼裾を三つ折りに
して縫う

単位はcm
Xは帯幅（幅は帯によって異なる）
←→ 布のたて地の方向
〰〰 縁かがり縫い（裁ち図のみに記載）

----- 解説している縫い線
----- 縫い終えた線
●---- 縫い止まり
—·— 中心線

へこ帯ブラウス

70

写真 P.14
（X=48cmの場合）

材料
●へこ帯（大幅または中幅：作品は自然にしわがよった状態で採寸）…1本

裁ち図 ✂

上身頃（2枚）

29

ウエスト側　裾側

前下身頃
後ろ下身頃

56

X

へこ帯ワンピース

111.5

写真 P.15
（X=60cmの場合）

材料
●へこ帯（大幅または中幅）…1本

裁ち図 ✂

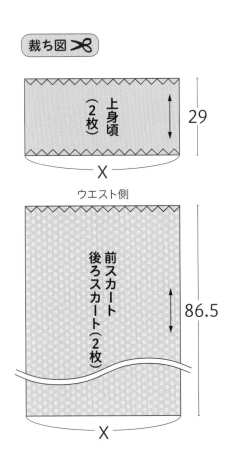

上身頃（2枚）

29

X

ウエスト側

前スカート
後ろスカート（2枚）

86.5

X

※へこ帯のしぼり・しわ部分を縫うときは、帯地をひっぱりながら伸ばして縫う（P.58）

1 上身頃の中心と衿ぐりを縫う

❶上身頃を中表に合わせ、
　衿ぐりをあけて身頃の中心を縫う

❷縫い代を割り、続けて衿ぐりも折る

❸衿ぐりを1周縫う

2 上身頃の脇と袖ぐりを縫う

❶身頃を肩で中表に折り、脇を縫う

❷脇の縫い代を割り、続けて袖ぐりも折る

❸袖ぐりを1周縫う

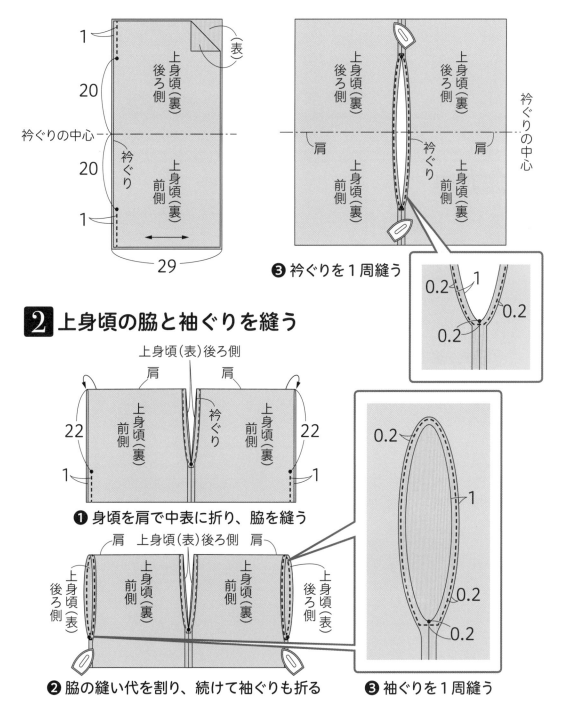

3 下身頃を縫う

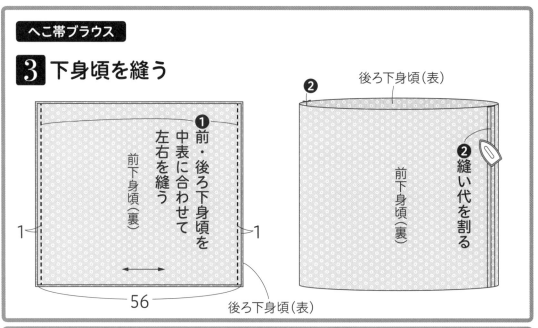

❶前・後ろ下身頃を中表に合わせて左右を縫う

1

前下身頃（裏）

56

後ろ下身頃（表）

❷

後ろ下身頃（表）

前下身頃（裏）

❷縫い代を割る

へこ帯ワンピース

3 スカートを縫い、ウエストにギャザーをよせる

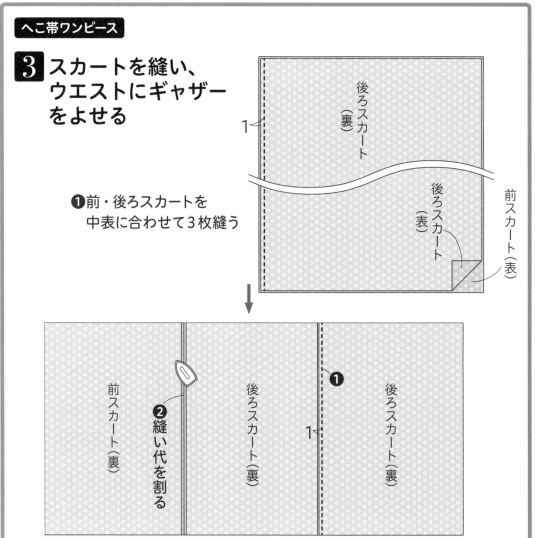

❶前・後ろスカートを中表に合わせて3枚縫う

1

後ろスカート（裏）

後ろスカート（表）

前スカート（表）

前スカート（裏）

❷縫い代を割る

後ろスカート（裏）

❶

後ろスカート（裏）

1

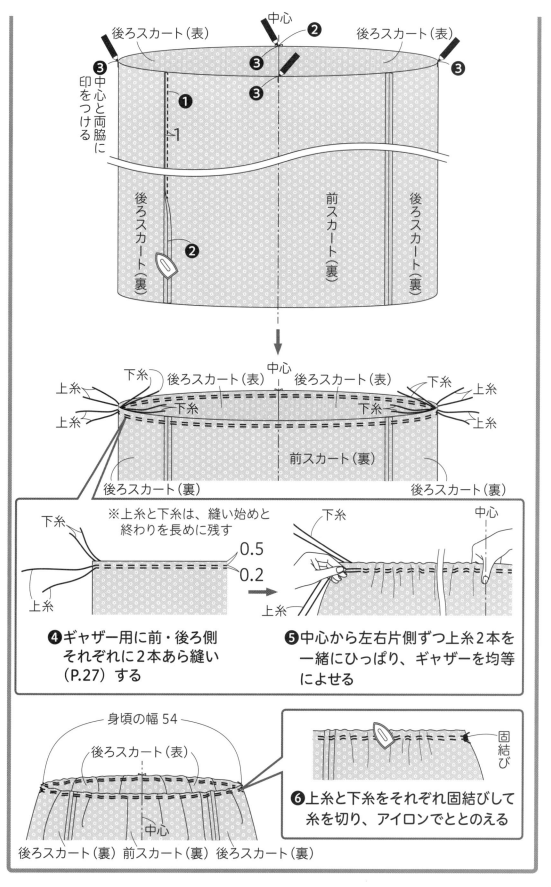

中心

後ろスカート（表）　　後ろスカート（表）

❷

❸

❸

❸

❸

❶

中心と両脇に印をつける

1

後ろスカート（裏）

❷

前スカート（裏）

後ろスカート（裏）

下糸　　後ろスカート（表）　中心　後ろスカート（表）　　下糸

上糸　　　　下糸　　　　　　　　　　下糸　　　　上糸

上糸　　　　　　　　　　　　　　　　　　　　　上糸

前スカート（裏）

後ろスカート（裏）　　　　　　　　　　　　後ろスカート（裏）

下糸

※上糸と下糸は、縫い始めと終わりを長めに残す

下糸　　　　　　中心

0.5

0.2

上糸

上糸

❹ギャザー用に前・後ろ側それぞれに2本あら縫い（P.27）する

❺中心から左右片側ずつ上糸2本を一緒にひっぱり、ギャザーを均等によせる

身頃の幅54

後ろスカート（表）

中心

後ろスカート（裏）前スカート（裏）後ろスカート（裏）

固結び

❻上糸と下糸をそれぞれ固結びして糸を切り、アイロンでととのえる

4 上身頃と下身頃を縫い合わせる

❶上身頃を表に返し、下身頃の内側に入れ、
中心・★・☆をウエストで合わせる

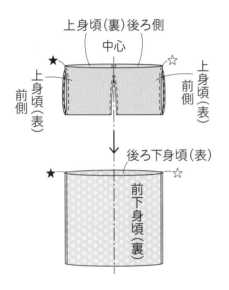

上身頃（裏）後ろ側
中心
★ ☆
上身頃（表）前側
上身頃（表）前側

後ろ下身頃（表）
★ ☆
前下身頃（裏）

❷ウエストを1周縫う

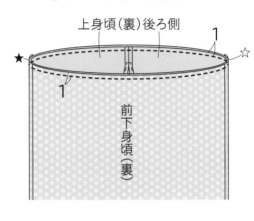

上身頃（裏）後ろ側
★ 1
1 ☆
前下身頃（裏）

完成図 👕

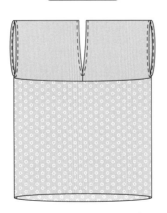

※裾は三つ折りにせず
耳のまま

上身頃（表）後ろ側
上身頃（裏）前側
上身頃（裏）前側
上身頃（表）後ろ側

❸ウエストの縫い代を
上身頃側にたおす

前下身頃（裏）

へこ帯ワンピース

4 上身頃とスカートを縫い合わせ、裾を縫う

❶身頃を表に返し、スカートの内側に入れ、
中心・★・☆をウエストで合わせる

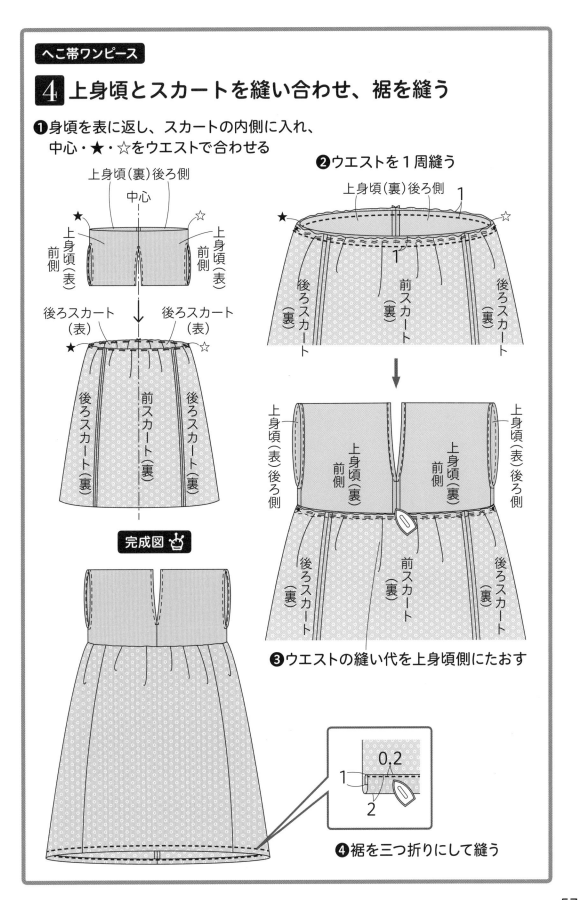

上身頃（裏）後ろ側
中心
★
☆
上身頃（表）前側
上身頃（表）前側

後ろスカート（表）
後ろスカート（表）
★
☆
後ろスカート（裏）
前スカート（裏）
後ろスカート（裏）

完成図

❷ウエストを1周縫う

上身頃（裏）後ろ側
1
★
☆
後ろスカート（裏）
前スカート（裏）
後ろスカート（裏）

上身頃（表）後ろ側
上身頃（裏）前側
上身頃（裏）前側
上身頃（表）後ろ側
後ろスカート（裏）
前スカート（裏）
後ろスカート（裏）

❸ウエストの縫い代を上身頃側にたおす

0,2
1
2

❹裾を三つ折りにして縫う

単位は㎝
X は帯幅（幅は帯によって異なる）
布のたて地の方向
縁かがり縫い（裁ち図のみに記載）

----- 解説している縫い線
----- 縫い終えた線
●---- 縫い止まり
—・— 中心線

へこ帯しぼり
ワンピース

120

写真 P.16
（X=74㎝の場合）

裁ち図 ✂

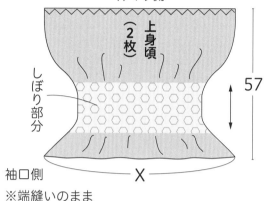

衿ぐり側

上身頃
（2枚）

しぼり部分

57

袖口側
※端縫いのまま

X

材料
● へこ帯（大幅・両端にしぼり）…1本

ウエスト側

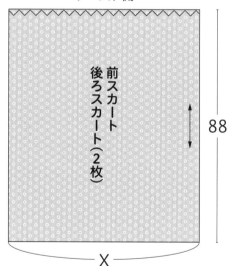

前スカート
後ろスカート（2枚）

88

X

─MEMO─

へこ帯のしぼり・しわ部分の
縫い方のコツ

おさえる　　ひっぱる

へこ帯のしぼり・しわ部分をそのまま縫ってしまうと、作品の洋服を着用するときに糸が切れたり、ひきつって着心地が悪くなったりします。帯地を左手でおさえ、右手でひっぱりながら伸ばして縫いすすめましょう。

へこ帯しぼり
チュニック

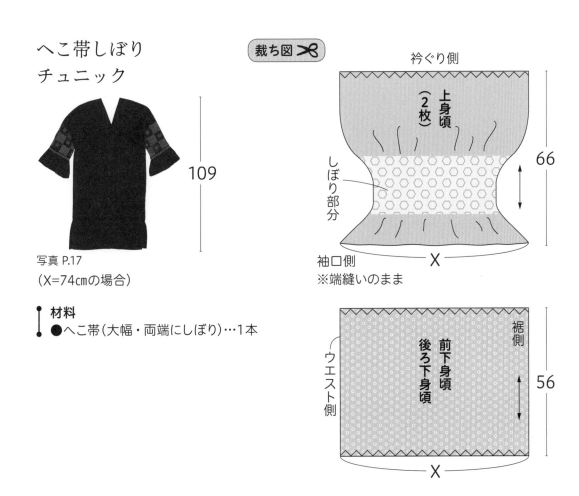

109

写真 P.17
（X=74cmの場合）

材料
● へこ帯（大幅・両端にしぼり）…1本

裁ち図 ✂

衿ぐり側

上身頃
（2枚）

66

しぼり部分

袖口側
※端縫いのまま

X

裾側

前下身頃
後ろ下身頃

ウエスト側

56

X

作り方 👒 **へこ帯しぼりワンピース、へこ帯しぼりチュニック共通**

※へこ帯のしぼり・しわ部分を縫うときは、帯地をひっぱりながら伸ばして縫う

1 上身頃の中心を縫う

❶ 上身頃を中表に合わせ、
　衿ぐりをあけて身頃の中心
　を縫う

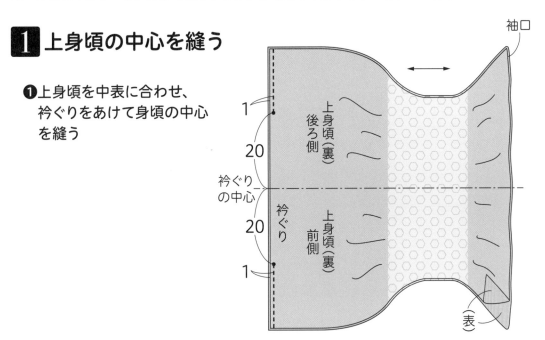

袖口

1

20

衿ぐりの中心

20

1

上身頃（裏）後ろ側

衿ぐり

上身頃（裏）前側

（表）

2 上身頃の衿ぐりを縫う

❶縫い代を割り、続けて衿ぐりも折る

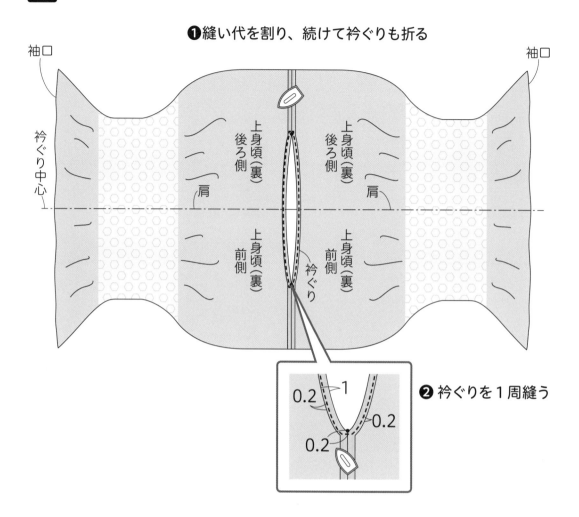

袖口

衿ぐり中心

上身頃（裏）後ろ側

肩

上身頃（裏）後ろ側

肩

袖口

上身頃（裏）前側

上身頃（裏）前側

衿ぐり

0.2　1

0.2

0.2

❷衿ぐりを1周縫う

3 上身頃の袖下を縫う

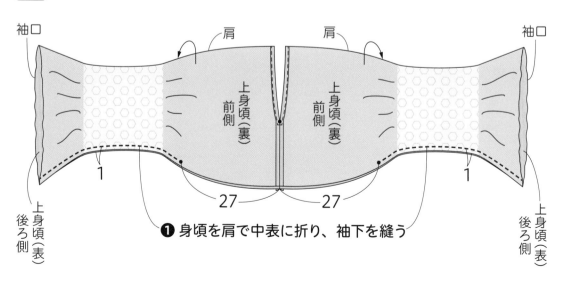

袖口

肩

肩

袖口

上身頃（裏）前側

上身頃（裏）前側

上身頃（表）後ろ側

1

27　27

1

上身頃（表）後ろ側

❶身頃を肩で中表に折り、袖下を縫う

４ スカートを縫い、ウエストにギャザーをよせる
（P.54-３）

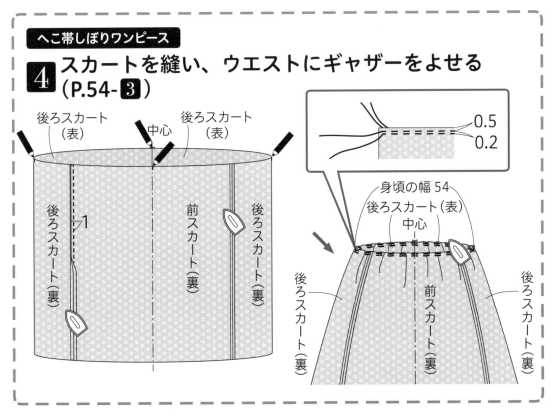

後ろスカート（表）　中心　後ろスカート（表）

身頃の幅 54
後ろスカート（表）
中心

後ろスカート（裏）　前スカート（裏）　後ろスカート（裏）

後ろスカート（裏）　前スカート（裏）　後ろスカート（裏）

0.5
0.2

後ろスカート（裏）　1　前スカート（裏）　後ろスカート（裏）

---

４ 下身頃を縫う

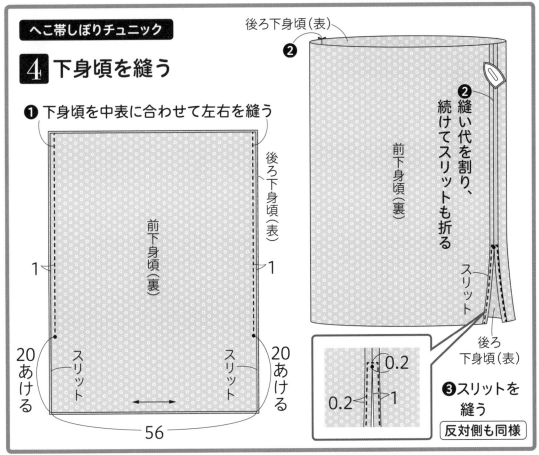

❶ 下身頃を中表に合わせて左右を縫う

後ろ下身頃（表）

❷

❷ 縫い代を割り、続けてスリットも折る

前下身頃（裏）

後ろ下身頃（表）

前下身頃（裏）

後ろ下身頃（表）

1　前下身頃（裏）　1

20あける　スリット　スリット　20あける

56

スリット

後ろ下身頃（表）

0.2
0.2　1

❸ スリットを縫う

反対側も同様

61

5 上身頃と下身頃・スカートを縫い合わせる

❶ 下身頃・スカートを表に返し、上身頃の内側に入れ、中心・★・☆をウエストで合わせる

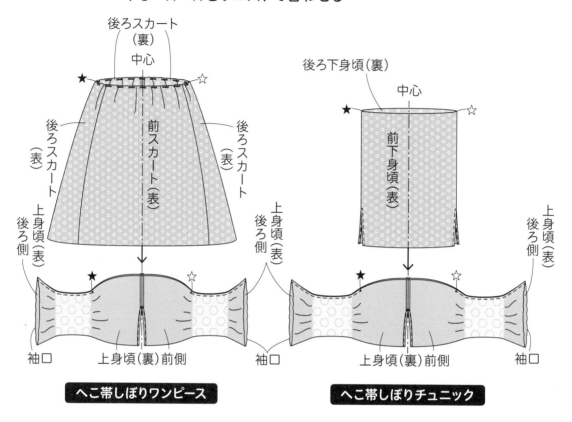

後ろスカート（裏）
中心
後ろスカート（表）
後ろスカート（表）
前スカート（表）
上身頃（表）後ろ側
上身頃（表）後ろ側
袖口
上身頃（裏）前側
袖口

へこ帯しぼりワンピース

後ろ下身頃（裏）
中心
★　☆
前下身頃（表）
上身頃（表）後ろ側
上身頃（表）後ろ側
袖口
上身頃（裏）前側
袖口

へこ帯しぼりチュニック

❷ 前側・後ろ側のウエストをそれぞれ縫う

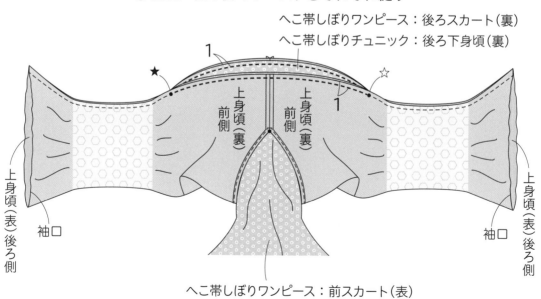

へこ帯しぼりワンピース：後ろスカート（裏）
へこ帯しぼりチュニック：後ろ下身頃（裏）
1
★　☆
1
上身頃前側
上身頃（裏）前側
上身頃（表）後ろ側
袖口
上身頃（表）後ろ側
袖口

へこ帯しぼりワンピース：前スカート（表）
へこ帯しぼりチュニック：前下身頃（表）

6 ウエストの縫い代をたおし、裾を縫う

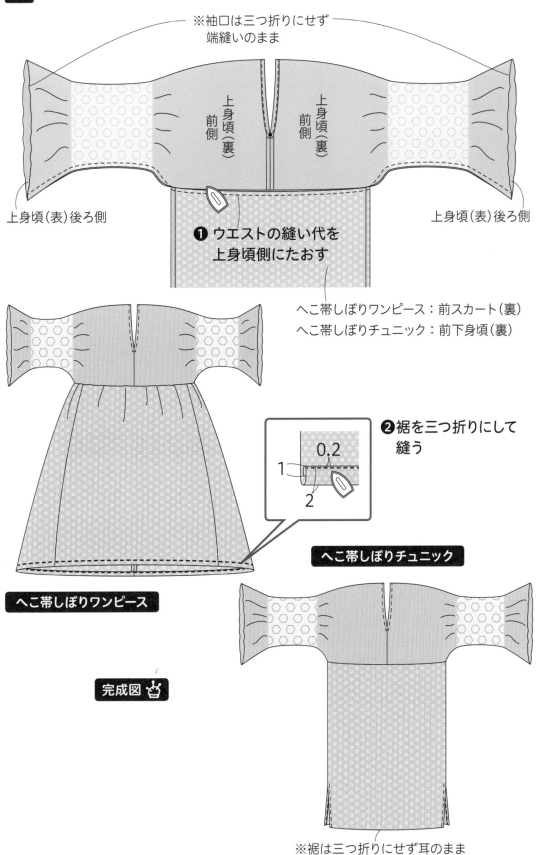

※袖口は三つ折りにせず
端縫いのまま

上身頃(裏)前側

上身頃(裏)前側

上身頃(表)後ろ側

上身頃(表)後ろ側

❶ ウエストの縫い代を
上身頃側にたおす

へこ帯しぼりワンピース:前スカート(裏)
へこ帯しぼりチュニック:前下身頃(裏)

❷裾を三つ折りにして
縫う

0.2
1
2

へこ帯しぼりチュニック

へこ帯しぼりワンピース

完成図

※裾は三つ折りにせず耳のまま

63

単位はcm
X、Z は帯幅（幅は帯によって異なる）
→ 布のたて地の方向
〰〰 縁かがり縫い（裁ち図のみに記載）

---- 解説している縫い線
---- 縫い終えた線
●--- 縫い止まり
—·— 中心線

へこ帯ワイドパンツ

72

写真 P.11

材料
● へこ帯（大幅または中幅）…1本
● 1.2cm幅の伸びどめテープ
　（片面アイロン接着 P.30）…適宜
● 2cm幅の平ゴム
　…適宜（ウエスト＋1cmを調整）

裁ち図 ✂

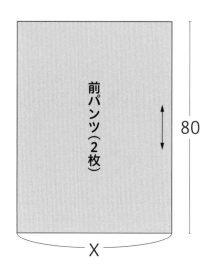

前パンツ（2枚）

80

X

後ろパンツ（2枚）

耳側

80

X/2

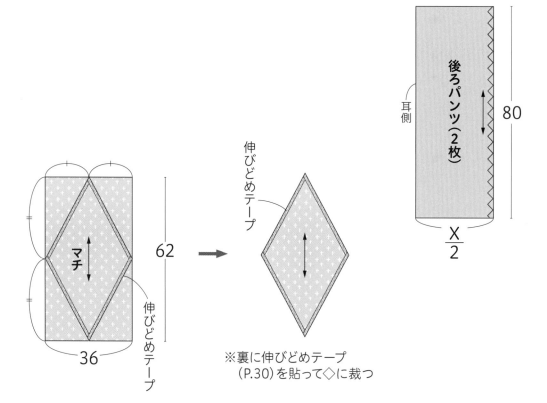

マチ

62

36

伸びどめテープ

伸びどめテープ

伸びどめテープ

※裏に伸びどめテープ
（P.30）を貼って◇に裁つ

帯パンツ

写真 P.10

72

裁ち図 ✂

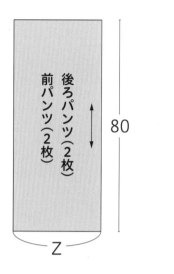

後ろパンツ（2枚）
前パンツ（2枚）

80

Z

● **材料**
 ●帯…1本
 ● 1.2cm幅の伸びどめテープ
  （片面アイロン接着 P.30）
  …適宜
 ● 2cm幅の平ゴム
  …適宜（ウエスト＋1cmを調整）

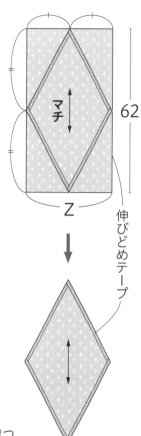

マチ

62

Z

伸びどめテープ

※裏に伸びどめテープ
（P.30）を貼って◇に裁つ

作り方 👑　へこ帯ワイドパンツ、帯パンツ共通

※へこ帯のしぼり・しわ部分を縫うときは、
　帯地をひっぱりながら伸ばして縫う（P.58）

1 パンツの中心とタックを縫う

❶前パンツを中表に合わせ、
中心を縫う

後ろパンツも同様

1　6
12
23
❷タックを縫う
▲
前パンツ（裏）
（表）

2 前・後ろパンツを縫い合わせる

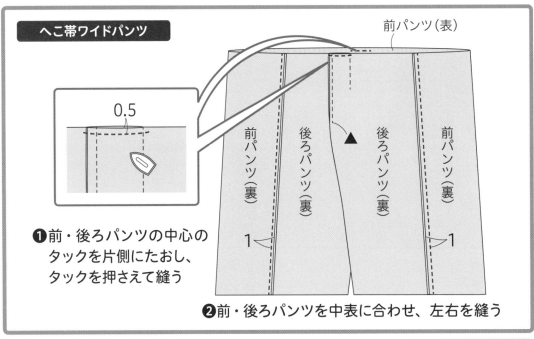

へこ帯ワイドパンツ

前パンツ（表）

0.5

前パンツ（裏）
後ろパンツ（裏）
▲
後ろパンツ（裏）
前パンツ（裏）

1

1

❶前・後ろパンツの中心の
タックを片側にたおし、
タックを押さえて縫う

❷前・後ろパンツを中表に合わせ、左右を縫う

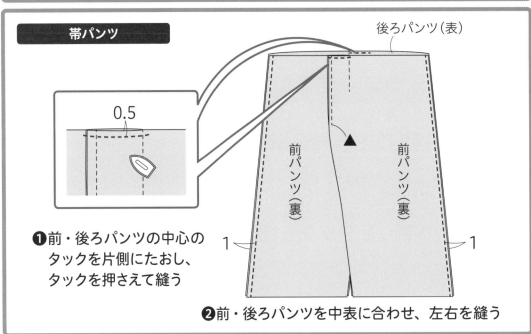

帯パンツ

後ろパンツ（表）

0.5

前パンツ（裏）
▲
前パンツ（裏）

1

1

❶前・後ろパンツの中心の
タックを片側にたおし、
タックを押さえて縫う

❷前・後ろパンツを中表に合わせ、左右を縫う

3 マチに印をつける

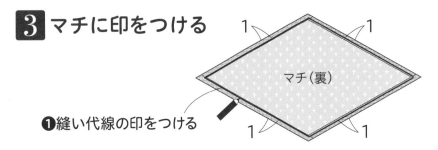

1   1

マチ（裏）

1   1

❶縫い代線の印をつける

4 マチを縫いつける

❶左右の縫い代を割る

❶左右の縫い代
　を割る

後ろパンツ（表）

❶

前パンツ
（裏）

前パンツ
（裏）

▲

❷前パンツとマチを
中表に合わせ、
▲から矢印の方向に
縫い止まりまで縫う

❷

マチ（裏）

前パンツ
（表）

前パンツ
（表）

後ろパンツ
（表）

後ろパンツ
（表）

前パンツ（表）

後ろパンツ（裏）

後ろパンツ（裏）

▲

マチ（裏）

❸後ろパンツとマチを
中表に合わせ、
▲から矢印の方向に
縫い止まりまで縫う

前パンツ（裏）

前パンツ（裏）

前パンツ（表）

前パンツ（表）

▲

マチ（裏）

後ろパンツ（表）

後ろパンツ（表）

▲

後ろパンツ（裏）

後ろパンツ（裏）

5 股下を縫う

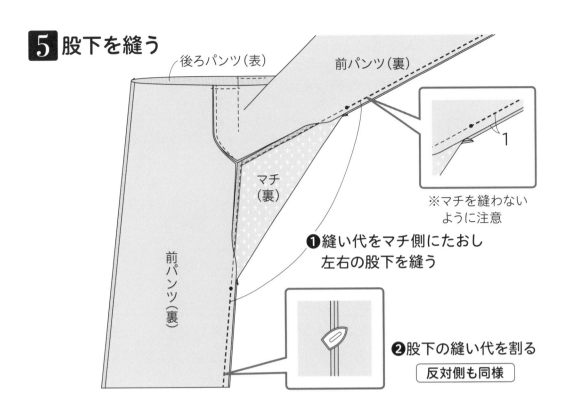

後ろパンツ(表)

前パンツ(裏)

マチ
(裏)

前
パ
ン
ツ
(裏)

※マチを縫わない
ように注意

❶縫い代をマチ側にたおし
左右の股下を縫う

❷股下の縫い代を割る

反対側も同様

6 ウエストと裾を縫う

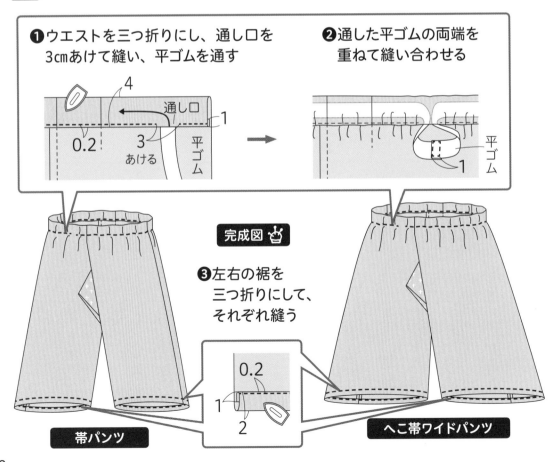

❶ウエストを三つ折りにし、通し口を
3cmあけて縫い、平ゴムを通す

4

通し口

0.2   3
あける

平ゴム

1

❷通した平ゴムの両端を
重ねて縫い合わせる

平ゴム

1

完成図

❸左右の裾を
三つ折りにして、
それぞれ縫う

0.2

1

2

帯パンツ

へこ帯ワイドパンツ

単位はcm
Zは帯幅（幅は帯によって異なる）
◀━▶ 布のたて地の方向
〰〰 縁かがり縫い（裁ち図のみに記載）

----- 解説している縫い線
----- 縫い終えた線
●--- 縫い止まり
—·— 中心線

帯トート たてなが

写真 P.18

材料
●帯…1本

裁ち図 ✂

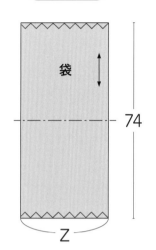

袋

74

34

Z

ポケット口側

ポケット

20.5

Z

持ち手
（2枚）

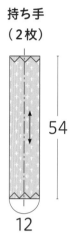

54

12

帯トート よこなが

写真 P.18
（Z=34cmの場合）

材料
●帯…1本

31

裁ち図 ✂

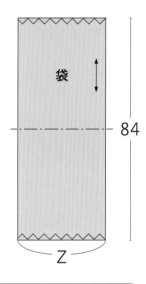

袋

84

Z

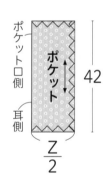

ポケット口側

ポケット

耳側

42

$\frac{Z}{2}$

持ち手
（2枚）

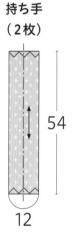

54

12

作り方 👑 帯トート たてなが・よこなが共通

❶ポケット口を折って縫う

ポケット口

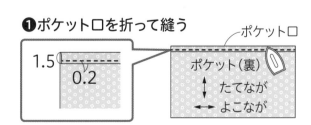

1.5
0.2

ポケット（裏）
たてなが
よこなが

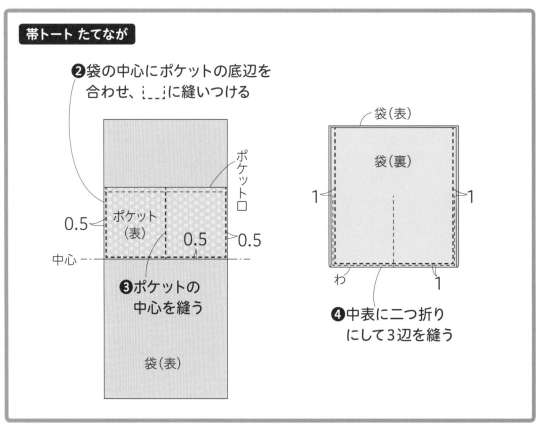

帯トート たてなが

❷袋の中心にポケットの底辺を合わせ、┆╌╌┆に縫いつける

ポケット口

0.5

ポケット（表）

0.5

0.5

中心

❸ポケットの中心を縫う

袋（表）

袋（表）

袋（裏）

1

1

わ

1

❹中表に二つ折りにして3辺を縫う

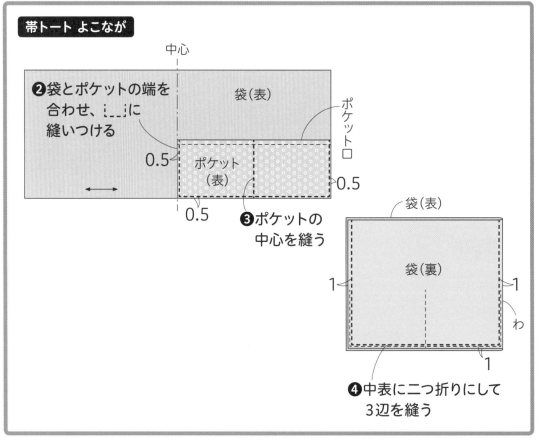

帯トート よこなが

中心

❷袋とポケットの端を合わせ、┆╌╌┆に縫いつける

袋（表）

ポケット口

0.5

ポケット（表）

0.5

0.5

❸ポケットの中心を縫う

袋（表）

袋（裏）

1

1

わ

1

❹中表に二つ折りにして3辺を縫う

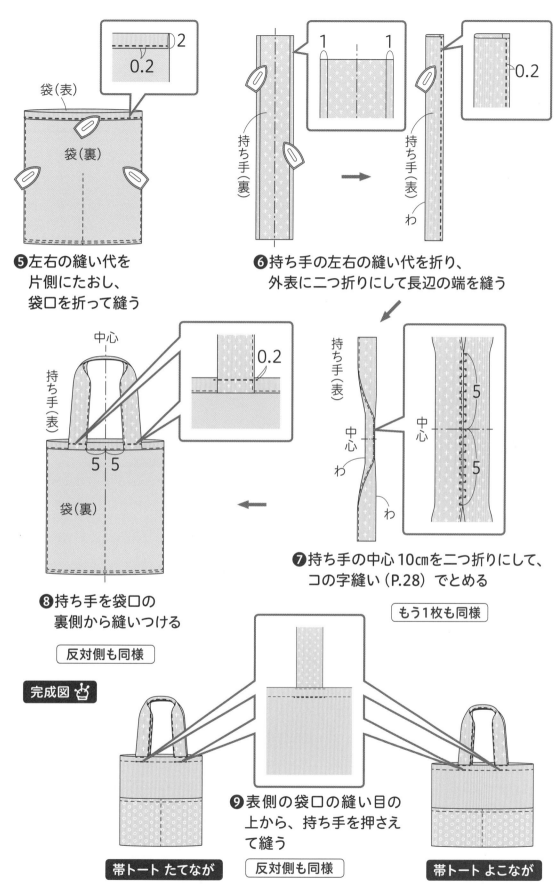

袋（表）

袋（裏）

0.2

2

❺左右の縫い代を
片側にたおし、
袋口を折って縫う

持ち手（裏）

1　1

持ち手（表）

わ

0.2

❻持ち手の左右の縫い代を折り、
外表に二つ折りにして長辺の端を縫う

中心

持ち手（表）

0.2

5　5

袋（裏）

持ち手（表）

中心

わ

わ

中心

5

5

❼持ち手の中心10㎝を二つ折りにして、
コの字縫い（P.28）でとめる

もう1枚も同様

❽持ち手を袋口の
裏側から縫いつける

反対側も同様

完成図 ♔

❾表側の袋口の縫い目の
上から、持ち手を押さえ
て縫う

反対側も同様

帯トート たてなが

帯トート よこなが

単位はcm
Zは帯幅（幅は帯によって異なる）
←→ 布のたて地の方向
〰〰 縁かがり縫い（裁ち図のみに記載）

- - - - 解説している縫い線
‥‥‥ 縫い終えた線
●‥‥ 縫い止まり
—‥— 中心線

帯ポーチ たてなが

写真 P.19
（Z=34cmの場合）

16

材料
- ●帯…1本
- ●内袋用別布（好みの布）
  …裁ち図参照
- ●直径 2cmのボタン
  …2個
- ●0.3cm幅の丸紐
  …6cm × 2本
- ●直径 2cmの
  マグネットボタン
  （縫いつけタイプ）…1組

裁ち図 ✂

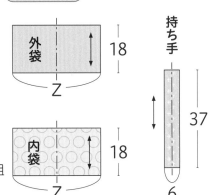

外袋 … 18
Z

内袋 … 18
Z

持ち手
37
6

帯ポーチ よこなが

写真 P.19
（Z=34cmの場合）

16

材料
- ●帯…1本
- ●内袋用別布（好みの布）
  …裁ち図参照
- ●直径 2cmのボタン
  …2個
- ●0.3cm幅の丸紐
  …6cm × 2本
- ●直径 2cmの
  マグネットボタン
  （縫いつけタイプ）…1組

裁ち図 ✂

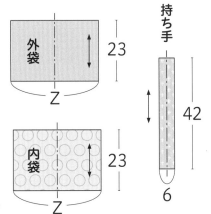

外袋 … 23
Z

内袋 … 23
Z

持ち手
42
6

作り方 👜 帯ポーチ たてなが・よこなが共通

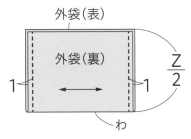

外袋（表）
外袋（裏）
1 1
Z/2
わ

❶外袋を中表に二つ折り
にして両端を縫う

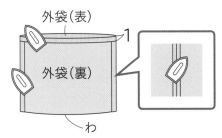

外袋（表）
1
外袋（裏）
わ

❷両端の縫い代を割り、
袋口を折る

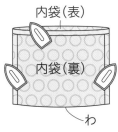

内袋（表）
内袋（裏）
わ

❸外袋と同様に
内袋を作る

内袋(表)

内袋(裏)

↓

外袋(表)

❹外袋を表に返し、
　内袋を入れる

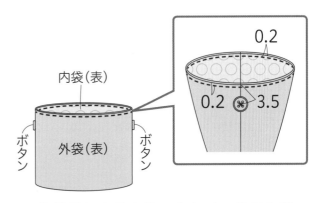

内袋(表)

ボタン　　　　　　ボタン

外袋(表)

0.2

0.2　❋　3.5

❺外袋と内袋を脇で合わせて袋口を縫い、
　左右の脇にボタンを縫いつける（P.46）

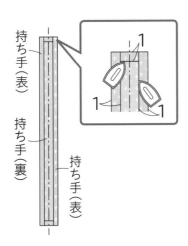

持ち手(表)

持ち手(裏)

持ち手(表)

1

1　　　1

❻持ち手の縫い代を
　上下、左右の順に
　折る

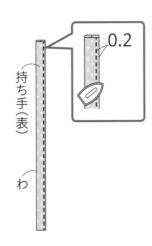

持ち手(表)

わ

0.2

❼外表に二つ折りにし
　て長辺の端を縫う

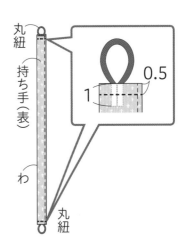

丸紐

持ち手(表)

わ

丸紐

1　　0.5

❽両端に丸紐を縫
　いつける

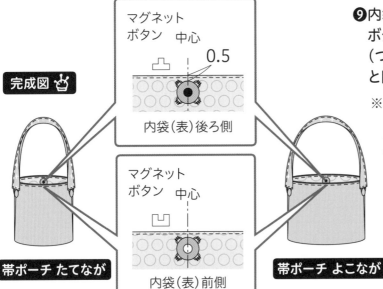

マグネット
ボタン　　中心

0.5

内袋(表)後ろ側

完成図

マグネット
ボタン　　中心

内袋(表)前側

帯ポーチ たてなが　　　　帯ポーチ よこなが

❾内袋の中心にマグネット
　ボタンを凸からつける
　（つけ方はスナップボタン
　と同様 P.46）

※凸を縫いつけたあと、凸
　を凹側の布に押した跡に
　ペンで印をつけ、凹の位
　置とし、外袋に縫い目が
　出ないように注意する

❿バッグの左右の
　ボタンに
　持ち手の丸紐
　をかける

単位は㎝
Zは帯幅（幅は帯によって異なる）
◆──→ 布のたて地の方向
〰〰 縁かがり縫い（裁ち図のみに記載）

----- 解説している縫い線
----- 縫い終えた線
●---- 縫い止まり
—・— 中心線

帯かごバッグ

┤
35
┤

写真 P.20

裁ち図 ✂

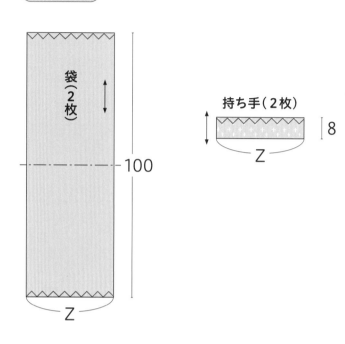

袋（2枚）

100

持ち手（2枚）

8

Z

材料
- ●帯…1本
- ●裁縫用接着剤…適宜

作り方 🧺

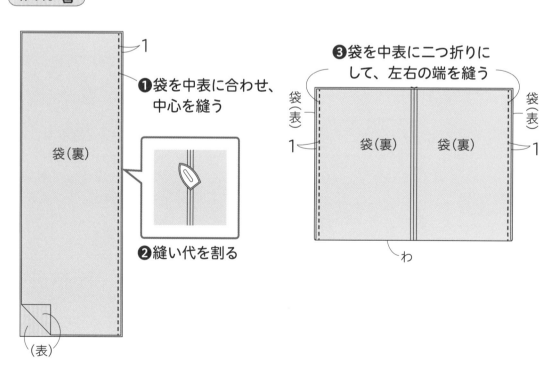

1

❶袋を中表に合わせ、
　中心を縫う

袋（裏）

❷縫い代を割る

（表）

❸袋を中表に二つ折りに
して、左右の端を縫う

袋（表）

袋（裏）　　袋（裏）

袋（表）

1　　　　　　　　　　　　　　1

わ

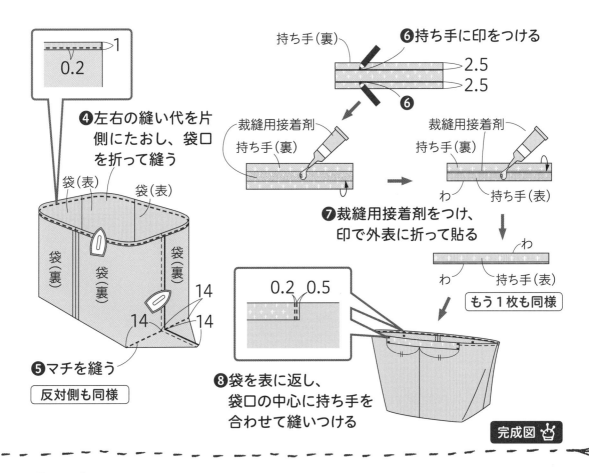

❹左右の縫い代を片側にたおし、袋口を折って縫う

1
0.2

袋(表)　袋(表)

袋(裏)　袋(裏)　袋(裏)

14
14　14　14

❺マチを縫う

反対側も同様

❻持ち手に印をつける

持ち手(裏)

2.5
2.5

❻

裁縫用接着剤
持ち手(裏)

裁縫用接着剤
持ち手(裏)

わ　持ち手(表)

❼裁縫用接着剤をつけ、印で外表に折って貼る

わ
わ　持ち手(表)

もう1枚も同様

0.2　0.5

❽袋を表に返し、袋口の中心に持ち手を合わせて縫いつける

完成図 👑

帯かご

22

写真 P.20
(Z=34cmの場合)

材料
●帯…1本

裁ち図 ✂

袋口側

袋(2枚)

Z

Z

作り方 👑

❶袋を中表に合わせ、3辺を縫う

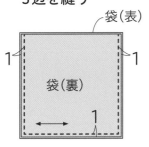

袋(表)

1　1

袋(裏)

1

❷縫い代を片側にたおし、マチを縫う

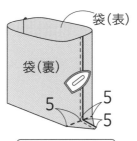

袋(表)

袋(裏)

5
5
5

反対側も同様

❸袋を表に返し、袋口を三つ折りにする

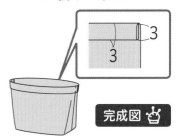

3
3

完成図 👑

単位は㎝	- - - - 解説している縫い線
X は帯幅（幅は帯によって異なる）	- - - - 縫い終えた線
←→ 布のたて地の方向	●- - - 縫い止まり
⌇⌇ 縁かがり縫い（裁ち図のみに記載）	—・— 中心線

へこ帯エコバッグ 大

40

写真 P.21

【裁ち図 ✂】

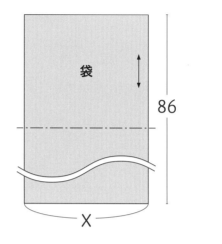

袋

86

X

持ち手
（2枚）

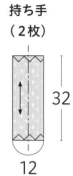

32

12

材料
- へこ帯（大幅または中幅：作品は自然にしわがよった状態で採寸）…1本
- 0.8㎝幅の平ゴム…60㎝

へこ帯エコバッグ 小

30

写真 P.21

【裁ち図 ✂】

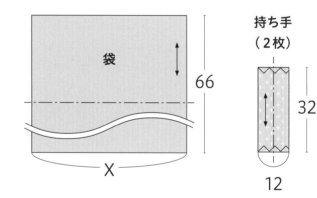

袋

66

X

持ち手
（2枚）

32

12

材料
- へこ帯（子ども用）…1本
- 0.8㎝幅の平ゴム…60㎝

【作り方 👒】 へこ帯エコバッグ 大・小共通

※へこ帯のしぼり・しわ部分を縫うときは、帯地をひっぱりながら伸ばして縫う（P.58）

❶ 袋を中表に二つ折りにして、両端を縫う

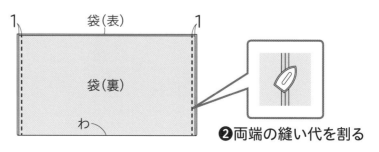

1　袋（表）　1

袋（裏）

わ

❷ 両端の縫い代を割る

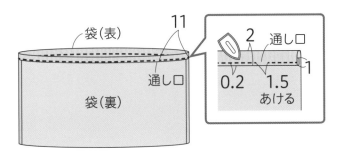

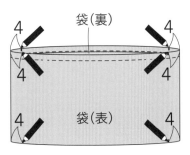

❸袋口を三つ折りにし、
　通し口を1.5㎝あけて縫う

❹袋を表に返して、袋口に持ち手、
　底辺にマチの印をつける

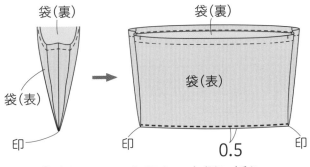

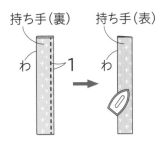

❺底辺のマチを印まで内側に折り
　込み、底辺を縫う

❻持ち手を中表に二つ折りにして
　長辺の端を縫い、表に返す

もう1枚も同様

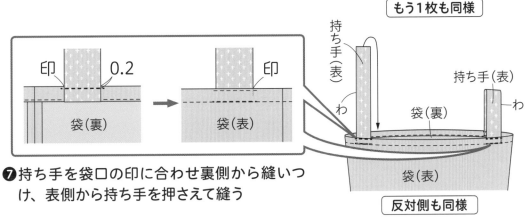

❼持ち手を袋口の印に合わせ裏側から縫いつ
　け、表側から持ち手を押さえて縫う

反対側も同様

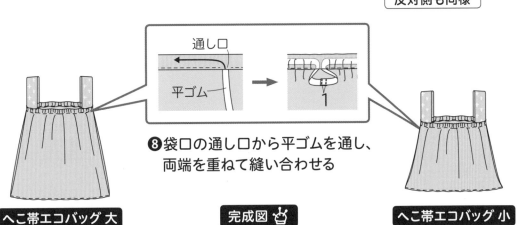

❽袋口の通し口から平ゴムを通し、
　両端を重ねて縫い合わせる

へこ帯エコバッグ 大

完成図

へこ帯エコバッグ 小

単位は㎝
X は帯幅（幅は帯によって異なる）
←→ 布のたて地の方向
〰〰 縁かがり縫い（裁ち図のみに記載）

----- 解説している縫い線
----- 縫い終えた線
●--- 縫い止まり
—・— 中心線

へこ帯ポシェット

A

B

25

25

写真 P.21

裁ち図 ✂ へこ帯ポシェット A・B 共通

外袋

25
しぼり部分

↕ 29

X

内袋

42

X/2

材料

ー共通ー
● へこ帯（大幅または中幅、子ども用）…1本
● 内袋用別布（好みの布）…裁ち図参照
● 1.5㎝幅の平ゴム…38㎝
ー A ー
● 0.8㎝幅の紐…124㎝
ー B ー
● 0.8㎝幅の紐…268㎝

作り方 🎀 へこ帯ポシェット A・B

※へこ帯のしぼり・しわ部分を縫うときは、帯地をひっぱりながら伸ばして縫う

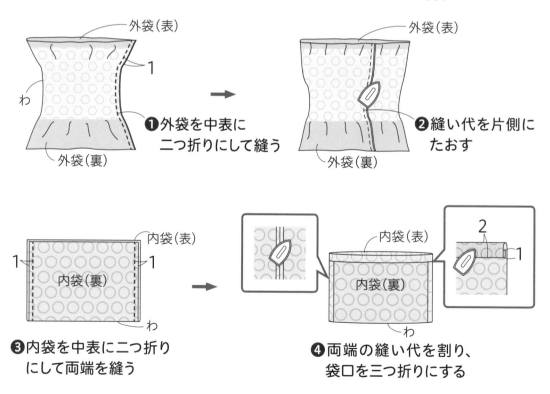

外袋（表）
1
わ
外袋（裏）
❶外袋を中表に
二つ折りにして縫う

外袋（表）
外袋（裏）
❷縫い代を片側に
たおす

内袋（表）
1
内袋（裏）
1
わ
❸内袋を中表に二つ折り
にして両端を縫う

内袋（表）
内袋（裏）
わ
2
1
❹両端の縫い代を割り、
袋口を三つ折りにする

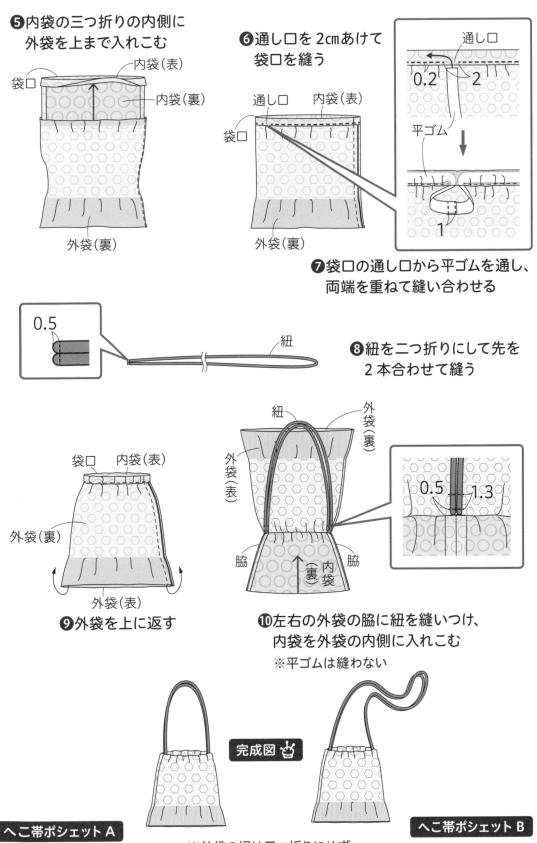

❺内袋の三つ折りの内側に
外袋を上まで入れこむ

袋口

内袋（表）

内袋（裏）

外袋（裏）

❻通し口を 2cmあけて
袋口を縫う

通し口

内袋（表）

袋口

外袋（裏）

通し口

0.2　2

平ゴム

1

❼袋口の通し口から平ゴムを通し、
両端を重ねて縫い合わせる

0.5

紐

❽紐を二つ折りにして先を
2 本合わせて縫う

袋口　内袋（表）

外袋（裏）

外袋（表）

❾外袋を上に返す

紐　外袋（裏）

外袋（表）

脇　脇

内袋（裏）

0.5　1.3

❿左右の外袋の脇に紐を縫いつけ、
内袋を外袋の内側に入れこむ
※平ゴムは縫わない

完成図

へこ帯ポシェット A

へこ帯ポシェット B

※外袋の裾は三つ折りにせず
へこ帯の端縫いのまま

松下純子（まつした・じゅんこ）

大学を卒業後、水着のパタンナーを経て、2005年にWrap Around R.（ラップアラウンド ローブ）を立ち上げる。「着物の色や柄、反物の幅をいかした、今の暮らしにあった服作り」をコンセプトにした作品は、幅広い年代に支持され、テレビや雑誌など幅広く活動中。大阪市内にあるアトリエRojiroom（ロジルーム）では、着物のリメイク教室やワークショップを開催するほか、着物地やオリジナルパーツなどの販売も行なっている。著書に『型紙いらずのまっすぐ縫い 着物リメイクで大人服、子ども服』『いちばんやさしい着物リメイク』『1枚の着物から2着できる いちばんやさしい着物リメイク』（以上、PHP研究所）、『型紙いらずの浴衣リメイク』（河出書房新社）など多数。

Wrap Around R. ホームページ　　http://w-a-robe.com/

Staff

撮影
木村正史

ブックデザイン・製図
堤 淳子

ヘアメイク
駒井麻未

モデル
根小田 碧 (NAME MANAGEMENT)

縫製アシスタント
清水真弓、阪本真美子、入野佳代子

作り方DTP
朝日メディアインターナショナル株式会社

校正協力
株式会社ぷれす、東 恵子、堤 裕子

編集・作り方原稿
キムラミワコ

1本の帯で洋服からバッグまで
はじめての帯リメイク

2021年1月28日　第1版第1刷発行
2023年12月28日　第1版第3刷発行

著　者　松下純子
発行者　村上雅基
発行所　株式会社PHP研究所
　　　　京都本部　〒601-8411　京都市南区西九条北ノ内町11
　　　　〈内容のお問い合わせは〉暮らしデザイン出版部 ☎075-681-8732
　　　　〈購入のお問い合わせは〉普 及 グ ル ー プ ☎075-681-8818
印刷所　図書印刷株式会社